HÁ UM OUTRO
MUNDO

**Conheça
nossos clubes**

**Conheça
nosso site**

- @editoraquadrante
- @editoraquadrante
- @quadranteeditora
- Quadrante

HÁ UM OUTRO MUNDO

André Frossard

2ª edição

Tradução
Antero Ferreira

Título original
Il y a un autre monde

Copyright © 1976 Librarie Artheme Fayard

Capa
Karine Santos

Dados Internacionais de Catalogação na Publicação (CIP)

Frossard, André (1915-1995)
Há um outro mundo / André Frossard; tradução de Antero Ferreira. — 2ª ed — São Paulo : Quadrante, 2025.

ISBN: 978-85-7465-787-5

1. Teologia 2. Religião Católica 3. Outros aspectos da Teologia Cristã I. Autor II. Título

CDD 230

Índice para catálogo sistemático:
1. Teologia 230
2. Religião Católica 282
3. Outros aspectos da Teologia Cristã 230.239

Todos os direitos reservados a
QUADRANTE EDITORA
Rua Bernardo da Veiga, 47 - Tel.: 3873-2270
CEP 01252-020 - São Paulo - SP
www.quadrante.com.br / atendimento@quadrante.com.br

Sumário

1   11
Recordações da juventude   12
Um rapaz "ausente"   16

2   19
O incompreensível   19
Objeções   21
Há revelações pessoais   23

3   25
Uma testemunha insuspeitável   25
O relato de Ratisbonne   30
Por acaso merece crédito?   33
Por que Maria não poderia manifestar-se?   35
"Deus existe, eu o encontrei"   37

4   43
"Não lhe mude uma única palavra"   43
Uma experiência objetiva   45

5   49
A Igreja e as cores da vida   49
Difamações vazias   52

6
| | 55 |
A salvação custa — 55
Por que Deus não se manifesta? — 57

7
| | 61 |
"Terateólogos" — 61
Deus é uma Pessoa — 63

8
| | 67 |
O casal Fumet — 67
O minuto dos "peregrinos de Emaús" — 70
Reminiscências — 73
Um jornalista cheio de promessas — 76

9
| | 79 |
A conversão dos cristãos ao mundo — 79
As três realidades dos cristãos — 81
A fé que eu invejava — 84
Uma pressão destruidora — 85

10
| | 87 |
A Sagrada Escritura — 88
"Como soube que se tratava de Deus?" — 90
Uma vaga num coro de anjos — 92
Cartuxo? Trapista? — 93

11
| | 99 |
Na Marinha — 99
Um gênero de vida extravagante — 100
Mas... E o próximo? — 102
Contemplação... Ou vida contemplativa? — 103
O olhar da infância — 107
Sangue-frio exemplar — 109

12   113

A navegação e o pensamento sistemático   113
A Martinica   115
"O mundo saltou-me em cima"   118
Sete palavras num ano   120

13   123

Empreiteiro da Resistência   123
O mal em estado puro   124
O mosteiro ou a moça?   127
Destino: o Forte Montluc   131

14   133

O hangar da desolação   133
O gestapiano depressivo   136
Vigília sem fim   138
"Esse asfalto precioso!"...   140

15   143

O povo cristificado   143

16   145

A verdadeira história   145
Quatro imagens   147
"O sofrimento já não é sofrimento"   149

17   151

Outras objeções   151
A "silenciosa fulguração"   154
"Controles de identidade"   156

Entro nas vossas igrejas desertas, meu Deus, vejo a luzinha vermelha dos vossos sacrários tremular ao longe, na penumbra, e recordo a minha alegria.

Como poderia esquecê-la?!

Como esquecer o dia em que, numa capela subitamente rasgada de luz, se descobre o amor ignorado pelo qual se ama e se respira, em que se aprende que o homem não está só, que uma presença invisível o penetra, o rodeia e o espera, que para lá dos sentidos e da imaginação existe um outro mundo, em comparação com o qual este universo material, por mais belo que seja e por mais atrativo que se apresente, não passa de vaga neblina e reflexo distante da beleza que o criou?

É que há um outro mundo. E não falo dele como hipótese, como argumentação ou por ter ouvido dizer: falo dele por experiência.

1

Entre uma ponte de ferro e um entreposto, no pequeno porto do Adriático onde passo as férias dos meus filhos, a igreja de Santo Antônio, em que experimento cada dia um pouco da emoção do meu primeiro encontro com o inesperado, é feita de tijolo da cor do burel franciscano até meia altura; o resto, revestido de um estuque cor de baunilha e pistache, evoca uma torta napolitana abandonada depois de se lhe terem tirado dois bocados.

Na Itália não há só obras-primas.

À entrada do coro, dois minúsculos anjos em madeira dourada, postados de cada lado do arco triunfal, parecem sussurrar no calor, junto de uma Virgem Maria e de um Sagrado Coração de gesso pintado, diante do qual duas dúzias de velas se consomem numa oração que representa alguém.

Quem as acende? Nunca se vê vivalma nesse lugar tranquilo. Ia dizer: nem um gato. Mas não. Precisamente um gato vem de tempos a tempos juntar as suas devoções às minhas, enrolado num genuflexório que exige dele um salto menor do que um banco. Aparentemente, ambos vos rezamos do mesmo modo, meu Deus, com o mesmo prazer inocente que vagueia lentamente pela sombra, o prazer de sentir, sem formular o menor pensamento, a fascinação secreta que vós exerceis sobre tudo o que existe e de nos deixarmos levar para vós à força de inércia, no nosso alvéolo de silêncio.

Ninguém. Será então que não vos resta nesta paróquia marítima senão um gato com ares de monge adormecido sob um capucho de duas pontas e, no fundo da igreja, o último aluno da turma, que vê tantos sinais de que o mundo se afasta de vós — e que tem vergonha de se levantar para repetir a lição que vós lhe ensinastes e ele aprendeu tão mal?

RECORDAÇÕES DA JUVENTUDE[1]

Lembro-me. Foi em 1935; tinha eu vinte anos, e a França ainda era eterna, se bem que por pouco tempo: deslizava lentamente, como toda a Europa, para um novo massacre. Pressentia-o, rejeitava-o, recusava-se a acreditar nele e sofria-lhe já a terrível atração. Os aparelhos de rádio mais próximos da fronteira leste faziam ressoar os discursos de um cabo agourento, que nunca lera mais que o Tratado de Versalhes, e cuja voz tocava como um arco de violino as cordas da sensibilidade humana. Pelas seteiras das suas defesas, a França pasmada via essas multidões que passeavam archotes em

---

1 Nesta edição, inseriram-se subtítulos para facilitar a compreensão do texto, e igualmente notas de rodapé. A não ser que se indique outra coisa, as notas são do editor.

pleno dia à volta de uma face lívida cujo olhar vítreo causava arrepios,[2] e depois recolhia precipitadamente a cabeça.

No interior, depois do macaréu de fúria que levara a direita ao Palais-Bourbon,[3] e um ano antes da vaga da Frente Popular,[4] última oportunidade histórica da classe operária, era a calmaria. O vento cessara, mas os governos soçobravam na mesma. Por ocasião das festas da Reabertura, do Orçamento ou do Equinócio da sessão da primavera, as assembleias eleitas sacrificavam ritualmente os seus primeiros-ministros, que ressuscitavam a seguir na sua cadeira do templo das leis, prontos para uma nova imolação. Os oradores, conscientes da necessidade de não dizer nada numa República fundada sobre o compromisso parlamentar, faziam largo uso de chavões desprovidos de significado preciso, como as palavras "democracia" ou "progresso", aptas a suprir qualquer elo que faltasse no fio de um discurso.

Entretanto, o terreno moral e cultural sobre o qual a França construíra durante séculos começava a fugir-lhe pouco a pouco debaixo dos pés, o que lhe provocava pequenos incômodos e vertigens passageiras que ela atribuía ao cansaço ou à mudança de estação.

Meu pai, a quem o seu espírito não dava descanso, acabava de fundar, juntamente com alguns dissidentes da SFIO,[5] um

---

2 Referência a Adolf Hitler, que nunca passou de cabo na hierarquia militar, e aos desfiles de archotes organizados pelo Partido Nazista.
3 Sede da Assembleia Legislativa.
4 Coalizão de partidos de esquerda (o Partido Comunista, o Partido Radical e a SFIO) que governou o país de 1936 a 1938.
5 Section Française de l'Internationale Ouvrière [Seção Francesa da Internacional Operária], nome do partido socialista francês de 1905 a 1971.

novo grupo parlamentar que se propunha imprimir eficácia ao socialismo. Primeiro secretário-geral da história do Partido Comunista francês aos trinta anos, demitira-se em 1923 para voltar à "velha casa" (assim se designava a SFIO) e à sombra acolhedora de Léon Blum,[6] homem admirável, de uma perfeita nobreza de sentimentos, que a sua educação aristocrática parecia rodear constantemente de uma balaustrada dourada, como um leito de dossel à Luís XIV, e que tinha sempre, quando se dirigia à República, um pouco o ar de quem faz um brinde proletário. Meu pai tinha ficado doze anos na "velha casa" e dera-se conta em seguida de que; embora se tivesse tomado consciência exata do perigo que o fascismo e o nazismo representavam para as democracias, a rotina partidária, o dogmatismo e uma falta total de imaginação impediam que se fizesse fosse o que fosse para lhes aparar o golpe; por isso saiu. As inteligências brilhantes, que têm o sentido exato da mobilidade das situações políticas e da multiplicidade de possibilidades que encerram, têm muitas vezes mais dificuldade do que outras em fixar-se. Era o seu caso. Reagia aos acontecimentos com uma rapidez de esquilo, mas por vezes enganava-se de ramo, e aquele que escolhia não era muito forte. Talvez tivesse sido preferível que permanecesse no PC; passou por inconstante, quando era simplesmente sensível, e vivia em estado de alerta desde o advento de Hitler, e desesperado por ver o seu país debilitar--se enquanto o adversário se robustecia.

---

6 Léon Blum (1872–1959) foi chefe da SFIO e do governo da Frente Popular; voltou ao governo em 1937; preso em 1940, processado e deportado para a Alemanha durante a Segunda Guerra, tornou-se ainda mais uma vez chefe de governo em 1946–1947.

De resto, sair do partido não equivalia a sair do socialismo. Tendo aderido a Jaurès[7] aos treze anos, conservara intacta a sua crença e, sob a sua influência, toda a família, metade por convicção, metade por admiração por ele, aderira a essa religião de salvação do homem pelo homem, desse homem chamado, segundo Marx, a triunfar das variadas formas de servilismo para se reencontrar, para lá da história, livre enfim e girando à volta de si mesmo "como de um sol".

A bem da verdade, deve-se dizer que poucos militantes se preocupavam com este fim último do socialismo, ainda que tivessem ouvido falar dele. Havia muitas metamorfoses a sofrer antes de chegar a esse estado ideal em que a vontade do homem, não querendo senão a si mesma, de si mesma se nutriria, e seria definitivamente subtraída de toda a solicitação de outros amores.

Não posso dizer que fôssemos ateus. O socialismo não é uma doutrina econômica, mas uma metafísica à base de rejeição: rejeição da condição humana, tal como foi formada por séculos ditos de obscurantismo e de opressão; rejeição de um Criador e de um Legislador supremo; rejeição de uma ordem imposta, ainda que pela natureza; e — feitas e verificadas todas as reduções ao essencial — rejeição de ser à imagem de um outro, como a Bíblia diz que somos ("Criou-os à sua imagem e semelhança"),[8] mesmo que esse outro fosse o ser deslumbrante que os cristãos chamavam "Deus" e diziam

---

7 Jean Jaurès, nascido em 1859, fundador do jornal comunista *Humanité,* historiador e deputado, foi o fundador do socialismo francês e criador da SFIO; pacifista militante, foi assassinado em 1914.

8 Gn 1, 27.

digno de adoração, antes de o chamarem "Ômega" e de só se adorarem a si mesmos.[9]

UM RAPAZ "AUSENTE"

Ausente intelectual, moral e quanto possível também fisicamente, por natureza e por vocação — o meu juízo de então resumia-se em três palavras: "Não estar aí", e ainda hoje não estou seguro de já ter mudado —, assistia distraidamente à barafunda política e parlamentar, de um recanto dos bastidores que, na verdade, não deixavam ver grande coisa. Às três pancadas periodicamente desferidas com resignação pelo chefe de cena Albert Lebrun,[10] que conhecia todas as variantes da peça, os grandes personagens do Estado abandonavam os seus camarotes atravancados de solicitadores e egérias dengosas e iam exibir diante das bancadas uma representação dos *Caprichos de Marianne*,[11] sem omitir uma réplica e respeitando-lhe escrupulosamente as regras, incluindo em certos casos a unidade de tempo. Formado pelo presidente Ferdinand Buisson,[12] radical da linha jovial de peitilho e escudo, o primeiro governo a que o meu pai pertenceu depois da

---

9 Referência às doutrinas evolucionistas de Teilhard de Chardin (1881–1955), segundo as quais todo o cosmos se dirigiria para um estado de máxima perfeição chamado "ponto Ômega", identificado com o próprio Deus.

10 Albert Lebrun (1871–1950), político, foi presidente do Senado (1931) e, mais tarde, presidente da República, no período 1932–1940; entre as suas funções estavam as de convocar e destituir ministérios.

11 Em 1792, durante a Revolução, a República Francesa, representada pelos artistas como uma mulher com barrete frígio (tal como aparece no célebre quadro de Delacroix), recebeu o apelido popular de "Marianne".

12 Ferdinand Buisson (1841–1932), pedagogo e político, foi um dos fundadores da Liga das Nações.

sua saída do partido socialista durou vinte e quatro horas. Os ministros não saíram do Eliseu[13] senão para irem ao Palais-Bourbon tomar conhecimento da sua deposição.

Os altos e baixos da carreira de meu pai não mudavam em nada o nosso estatuto familiar. Tivesse ele sido presidente da República ou imperador da China, que continuaríamos a morar no nosso quinto andar sem elevador do bairro dos *Volontaires* — com vista de esguelha sobre metade da Torre Eiffel —, a comer salada e batatas refogadas, a ter notícias suas através do jornal e a almoçar com ele nos dois ou três domingos do ano que não passava com os mineiros de Ronchamp.

Por minha parte, jornalista de crônicas desastradamente destituído de curiosidade, teria indubitavelmente persistido em desenhar templos gregos com mão incansável, única predisposição para os encontros místicos que descubro numa adolescência principalmente preocupada com a arquitetura em geral e com a arquitetura feminina em particular, dupla paixão temperada pela preguiça e servida por uma capacidade de atenção ilimitada, raiando o hebetismo[14] ou a passividade pura. Além disso, eu exibia um ceticismo ocioso em uma espécie de ilha interior envolta em brumas e tão bem separada das terras habitadas que a comunicação com o meu próximo levantava problemas insolúveis de transmissão. Certo de que me esfalfava em vão, acabava por ficar calado, e o que conseguiam fazer-me ouvir vinha de tão longe que

---

13 Palácio do governo, sede da Presidência da República.
14 Toleima, imbecilidade.

eu nem me dava ao trabalho de uma resposta, a qual tinha muito poucas possibilidades de atingir o seu destinatário antes que ele mudasse de residência ou de assunto.

Nada me surpreendia tanto como receber uma carta. Sentia menos curiosidade pelo conteúdo do que pelo envelope: virava-o e revirava-o, lia e relia o endereço, maravilhado de que esse retangulozinho de papel colado, depois de vencer tantas brumas, tivesse vindo parar-me às mãos e trouxesse o meu nome, ou antes, para ser mais exato, o nome que estava marcado para me designar a mim, e sob o qual me pediam que me reconhecesse. Eu me julgava "ilocalizável".

Compreendi bastante mais tarde a razão dessa perplexidade perante o meu próprio endereço. Eu não tinha identidade. Deus foi o primeiro a dar-me um nome, assim como no íntimo te chama a ti que me lês e que, grande ou pequeno, célebre ou humilde, só és conhecido por ele.

2

O INCOMPREENSÍVEL

Foi então que entrei por um acaso, ou por uma série de acasos, numa capela de Paris, tão pouco sugestiva e ainda menos colorida que a "torta napolitana" onde passo os meus fins de tarde italianos, e que me aconteceu o que narrei num livro:[1] saí de lá católico minutos depois, o que permitiu a alguns leitores cartesianos insinuar que eu talvez tivesse saído protestante de um templo ou muçulmano de uma mesquita. Aliás, poder-se-á atribuir tão grandes poderes mágicos a um ambiente? Tudo o que posso dizer é que fui feito católico nesse dia, católico da cabeça aos pés, católico sem deixar lugar a dúvidas (ia dizer "como hoje já não se veem"), e não protestante, nem muçulmano, nem judeu de corpo inteiro. Também eu fiquei tão surpreendido de me ver católico ao

---

1 *Deus existe, eu o encontrei.* Rio de Janeiro: Record, 1969, tradução de Carlos Lacerda.

sair daquela capela, como ficaria se me visse girafa ao sair do jardim zoológico.

Nenhuma instituição me era mais estranha do que a Igreja Católica e, se a palavra não encerrasse um matiz de hostilidade ativa — coisa que não é do meu feitio —, diria que me era antipática. Era como a lua, o planeta Marte: Voltaire nunca me falara bem dela, e desde os meus doze anos eu não lia senão ele e Rousseau. No entanto, foi a ela e a mais ninguém que fui enviado, remetido ou confiado, não sei bem, como a uma nova família que tivesse recebido o encargo de tomar conta de mim para o resto do meu destino. Porque, como expressei mais tarde com assombro, houve uma continuação, e ainda tive de viajar quando já estava no porto, diante dessa luz que me comunicava uma alegria a tal ponto inimaginável que, ao vê-la tão perto, eu não podia adivinhar que ainda estivesse tão longe.

Como se pode compreender que um rapaz igual a milhões de outros — não tendo de seu mais que uma vincada propensão para sujar as superfícies brancas do papel e para gravar todos os seus sonhos nas cornijas dos templos gregos, educado, não pela família, mas antes pelas leituras, nos preconceitos mais arraigados contra o cristianismo (que não era senão o primeiro esboço do socialismo, deformado através dos tempos pelos padres), contra a Igreja (que estava ligada à ignorância, e retrocederia quando ela retrocedesse), e contra Deus (a sua anterioridade em relação ao homem era em si uma injustiça que o tornava inadmissível), tudo pontos de vista tão bem transformados, nele e em todos os do seu convívio, em lugares-comuns que já não se sentia a necessidade de lhes examinar o conteúdo —, como se pode compreender que esse rapaz tenha mudado num instante a ponto de não se reconhecer a si mesmo e de encontrar um católico no lugar do incrédulo escarnecedor que deixara à porta?

Como pôde acontecer que, entrando com indiferença numa igreja — ateu plácido e isento de inquietações —, esse rapaz tenha saído uns minutos depois gritando de alegria no seu íntimo que a verdade era tão bela, de uma beleza que às vezes a torna difícil de crer, mas que mesmo assim não deveria fazê-la tão difícil de amar? Impaciente por partilhar a sua felicidade com toda a Terra, contendo--se com dificuldade para não se aproximar dos transeuntes e gritar-lhes que estavam passando à beira do infinito, que iam cair na luz! Convencido enfim de que neste mundo não há tarefa mais digna nem mais doce nem mais necessária e urgente do que louvar a Deus, louvá-lo por ser, e por ser quem é!

OBJEÇÕES

"Não era Deus", diz um teólogo alemão de grande renome. Segundo ele, esse rapaz simplório teria feito apenas uma penetração intuitiva "na profundidade do ser".

Mas este antigo rapaz sabe muito bem que não penetrou coisa nenhuma. Se tivesse sido capaz de produzir intuições luminosas de tal intensidade, não se teria privado de continuar a produzi-las durante quarenta anos. Não foi o ser vago e anônimo da filosofia que ele descobriu; foi um Ser, o mesmo que a ordem do mundo sugere, que a beleza propõe, que o pensamento deseja, mas que não é dado nem pela ordem nem pela beleza nem pelo pensamento; um Ser tal que, desde o dia em que aquele simplório o encontrou, a natureza, faça ela o que fizer, e os homens, digam eles o que disserem, não fazem senão falar-lhe dele.

"Isso não pode ser", diz outro. Não se encontra a Deus, sobretudo nas igrejas; não há "revelações pessoais". Mas onde estão as revelações coletivas, onde os Nuremberg[2] da terra prometida? Pensamos por acaso que a inteligência divina é semelhante à nossa, que está confinada às estatísticas e que conta os homens pelo peso, como as passas de uva, ou por bancos, como os arenques?

Por que Babel foi destruída? Essa pequena excrescência da planície de Senaar[3] faria porventura sombra à onipotência de Deus? Babel foi destruída porque as suas torres não estavam voltadas para o alto, mas para baixo; não era o Céu que elas ameaçavam, mas o homem que esmagavam e reduziam à insignificância. Em Babel foram confundidas as línguas para que as pessoas não o fossem. Toda a história do judeu-cristianismo é uma sucessão ininterrupta de revelações pessoais, tantas vezes repetidas como crentes houve; Deus só sabe contar até um.

"Impossível", afirmou um terceiro objetor, apaixonado pela psicanálise; não há mutações bruscas. Em resumo: não se chega à pousada de Emaús pela chaminé; toda a conversão

---

2 Referência ao Tribunal de Nuremberg, depois da Segunda Guerra, em que saíram à luz os crimes cometidos pelo regime nazista.
3 Cf. Gn 11, 1–9.

é precedida por uma caminhada consciente ou inconsciente; teria sido preciso descrevê-la, dar uma ideia dela.

Mas como tomar consciência da própria inconsciência, e como descrever a caminhada que nos conduziu à Igreja quando julgávamos caminhar em outra direção? Não se pode satisfazer a psicanálise senão excluindo pela raiz toda a intervenção divina na vida quotidiana. Mesmo quando ela é cristã, só aceita a existência de Deus com a condição de que não se manifeste. Até já apresentou a razão da conversão do grande São Paulo — a minha teria poucas possibilidades de perturbá-la — num livro recente que atribui tudo à imaginação, desde a luz intensa de que fala o Apóstolo, até à voz que dizia: "Saulo, Saulo, por que me persegues?".[4] Essa luz seria a do sol, e a voz viria das profundezas atormentadas do seu inconsciente: ele já seria cristão sem o saber. Tira-se desta leitura a impressão extravagante de que, no caminho de Damasco, o Apóstolo não caiu do cavalo, mas do banco de um psicanalista.

HÁ REVELAÇÕES PESSOAIS

Há revelações pessoais e, só por acaso e raramente (mas acontece), a homens reunidos em grandes multidões para receber comunicações divinas, quando o normal é que se reúnam para se guerrearem uns aos outros, para construir as babéis que os destituem, para fabricar bezerros de ouro que os metalizam, para insultar o inocente que sobe ao cadafalso, ou

---

4 At 9, 4.

para fazer despertar os nossos instintos menos nobres por obra de algum servidor da mentira, perito em ódios devastadores. Do mesmo modo, há mudanças bruscas, viragens imprevisíveis, e ainda que — coisa improvável — se chegasse a explicar essas mudanças de rumo de uma maneira natural, pela conjugação inopinada de correntes e de ventos, ainda haveria que explicar como é que a transformação radical do ser se opera instantaneamente, e como é que o navio, ao mudar de rumo, mudou também de espécie.

Se essas mudanças bruscas são milagres, pois então há milagres, ainda que a palavra desagrade a certos fazedores de homilias que a substituem sempre que podem pela palavra "prodígio", quer porque a derrogação lhes parece menos exorbitante, ou porque se sentem melhor fornecendo-nos prodígios em vez de milagres.

De tudo isto, dei conta escrupulosamente em *Deus existe, eu o encontrei,* com o singular misto de temor e de confiança de alguém que sabe diante de quem está a falar e que só levantou a voz depois de trinta e quatro anos de silêncio. Porque todo o cristão é chamado a dar testemunho a certa altura, e cada um deles efetivamente dá testemunho, quer fale, quer fique calado. Quando se sabe que não há e que nunca haverá na Terra outra esperança para os homens fora da esperança cristã, é necessário dizê-lo.

3

UMA TESTEMUNHA INSUSPEITÁVEL

Uma só testemunha não tem valor. Em boa verdade, um testemunho só não basta para enraizar convicções.

Mas e se, por mais extraordinário que pareça, se tratasse de duas testemunhas que não tivessem podido pôr-se de acordo, e por acaso tivessem nascido com um século de intervalo, ignorando a segunda, no momento dos fatos, tudo o que se referia à primeira? Se dois homens, quase com a mesma idade, tivessem vivido a mesma aventura espiritual e conhecido a mesma transformação imprevisível da inteligência e do coração, em condições psicológicas e em circunstâncias materiais análogas? Se se pudesse contar com duas conversões instantâneas, com duas investidas bruscas da luz em duas existências voltadas para o mundo, e tanto uma como a outra muito pouco preocupadas com a religião?

Foi bastante tempo depois da minha conversão que ouvi falar pela primeira vez de Alphonse de Ratisbonne, cujo

HÁ UM OUTRO MUNDO

nome até então não evocava para mim, como de resto para o *Petit Larousse*,[1] mais que uma sede bávara da Dieta imperial,[2] e só vim a saber os pormenores da sua história através de um livro profundo de Jean Guitton, saído em 1973.[3] Fiquei tão surpreendido que não consigo encontrar explicação: parecia-me ler a minha própria história, com umas pequenas diferenças nos antecedentes.

Alphonse de Ratisbonne era um jovem judeu de Strasbourg, rico, culto, viajado, filho de banqueiros: aqui temos as diferenças. Se há judeus na minha família, banqueiros nunca os houve, mas sim camponeses, correeiros, uma merceeira de aldeia e um professor primário. Não sei mais nada dos meus antepassados; não éramos ricos, e a minha cultura era de tipo lacunar.

Depois disto vêm as coincidências. Em 1842, Ratisbonne estava de passeio em Roma, entre uma viagem ao Oriente e uma escala em Palermo, uma forma de passatempo turístico e descuidado que o assemelha de longe (é ainda uma diferença que eu devia ter apontado) a uma personagem de Stendhal: ele poderia fazer de Lucien Leuwen.[4] Em 1935, eu passeava em Paris, com menos elegância e relações, e

---

1 O famoso dicionário, que até hoje — 2003 — não tomou conhecimento de Alphonse de Ratisbonne.

2 Chamava-se "Dieta" (*Reichstag*) à reunião periódica dos príncipes alemães cujos Estados eram parte do Sacro Império Romano-Germânico; a partir de 1663, a sede permanente dessas reuniões passou a ser a cidade de Ratisbona (Ratisbonne, em francês — ou Regensburg).

3 Jean Guitton, *Rue du Bac ou la superstition depassée. Paris:* Éditions s.o.s, 1973 — NA.

4 Henri Beyle, de pseudônimo Stendhal (1783–1842), foi romancista psicológico de segundo plano, com tendências racionalistas e materialistas; a sua obra *Lucien Leuwen* (1894) é póstuma.

uma vacuidade interior totalmente destituída de apetência religiosa.

Ratisbonne estava noivo e preparava-se para fixar residência viajando muito. Eu não tinha noiva, mas conhecia uma moça que poderia vir a sê-lo.

Ele era ateu e eu não o era menos, se bem que ele tivesse um ceticismo inquieto e levantasse à Igreja e ao cristianismo questões que a minha preguiça natural não me permitiria suscitar.

Ele tinha um amigo muito piedoso — o Barão de Bussières —, que multiplicava votos e exortações pela sua conversão. Eu tinha um amigo, e mais que um amigo, um irmão, André Willemin, que não era nem barão nem exageradamente devoto, mas que ansiava por arrancar-me ao socialismo ateu com o mesmo ardor e o mesmo insucesso.

Ratisbonne consentira, depois de muito tempo, por mera delicadeza e porque não dava a isso qualquer importância, em usar uma medalha oferecida pelo amigo; no mesmo espírito, eu acederia a ler um livro de Berdiaef que não me convenceu mais do que a medalha converteu Ratisbonne.

Tais semelhanças, podemos encontrá-las numa infinidade de casos, e até aqui o paralelo não é muito surpreendente. Vai tornar-se agora. A cem anos de distância, o processo desenrola-se segundo o mesmo esquema e com a mesma rapidez, como esses acidentes de estrada que se dão duas vezes do mesmo modo no mesmo lugar.

Um dia, o amigo de Ratisbonne convida-o para um passeio de carruagem; o meu convida-me para um almoço, e é aqui que começam as tiradas sinópticas.

Ratisbonne sobe provavelmente numa caleche das que se veem em gravuras românticas; eu subo num simpático carrinho cuja porta só se aguenta fechada com o cotovelo. A parelha do Barão de Bussières para na praceta de Roma onde está a Igreja de Sant'Andrea delle Fratte; a nossa carruagem para na Rua Ulm, diante da capela das Adoradoras do Santíssimo Sacramento, da qual só se vê o frontão por sobre um portal de ferro.

A Igreja de Sant'Andrea delle Fratte é um edifício de dimensões modestas, uma tibieza à italiana pela severidade da planta, a viveza da decoração e a abundância de velas que formam de onde a onde tufos de luz; a capela pseudo-gótica da Rua Ulm é sem graça, e não há mais nada a dizer dela. Todo o esforço de decoração se concentrou no altar-mor encimado por candelabros, plantas verdes e uma armação cruciforme destinada a suportar, no ponto mais alto, o sol da custódia. Embora uma tenha requintes ornamentais que a outra desconhece, ambas são de igual banalidade e não são das que fazem divagar a mente.

O barão, que tem um assunto a tratar na igreja, desce e pede ao seu acompanhante que espere ou entre com ele; é questão de uns minutos, diz. O mesmo jogo cênico da Rua Ulm, onde André Willemin me faz a mesma proposta, acompanhada da mesma alusão à brevidade da sua ausência.

Ratisbonne, antes de começar a aborrecer-se de esperar na carruagem, resolve visitar a igreja, sem outra intenção, claro, que a de acrescentá-la à sua coleção de monumentos romanos. No mesmo momento, quer dizer, perto de cem anos depois e a mil e quinhentos quilômetros de distância, eu faço a mesma reflexão. Vamos ver esta capela e o que faz ali o nosso amigo.

Enquanto empurramos, cada um por seu lado, a porta da nossa igreja, somos perfeitos incrédulos, curiosos da arquitetura, ou à procura de um amigo; não somos almas torturadas ou à procura de um ideal. Não sei o que se passa nesse instante no "inconsciente" de Ratisbonne, como alguns julgam saber o que se passou em idênticas circunstâncias no inconsciente de São Paulo; mas se o meu inconsciente trabalha, age e me prepara um rumo, só ele próprio o sabe.

Ratisbonne conserva-se não longe da entrada, junto de uma capela lateral (a segunda) encaixada na parede à sua esquerda. Eu me conservo no fundo da capela, à esquerda, mas olho para o altar-mor, cuja disposição me intriga; nunca tinha visto o Santíssimo Sacramento.

Continuamos a ser dois incrédulos que têm dois ou três minutos para matar, que não se sentem mais inclinados um que o outro para as emoções místicas, nem mais desejosos de crer; mas a nossa incredulidade vai acabar aí, dinamitada pela evidência; ainda estamos emparedados na nossa indiferença, mas os nossos muros vão abrir-se e, como um dique rebentado, deixarão irromper a luz. As duas revelações que se vão seguir tomarão uma forma diferente — com imagens num caso, sem elas no outro mas serão idênticas pela instantaneidade, a violência e o assombro sem limites que vão provocar.

A capela que Ratisbonne percorre com um olhar distraído que nenhuma obra de arte prende ao passar desaparece bruscamente: o que ele vê então é a Virgem Maria, a mesma que figura na medalha que traz ao pescoço e tal como hoje está representada, em cores mais vivas por efeito da iluminação, na capela de Sant'Andrea delle Fratte.

Ele tem essa felicidade que o atira por terra; e julgo que terá tido tanta dificuldade para fazê-la compartilhar como Bernadette de Lourdes teve para convencer o clero da sua diocese, ou para persuadir as senhoras da região de que uma pessoa da alta sociedade como a Virgem Maria tivesse podido aparecer dezoito vezes seguidas com o mesmo vestido.

O RELATO DE RATISBONNE

O que me acontece à mesma hora da minha vida, vou dizê-lo depois. Antes disso, vai aqui o relato de Ratisbonne; estamos a 20 de janeiro de 1842:

Se alguém me tivesse dito na manhã desse dia: "Levantaste-te judeu e irás para a cama cristão", se alguém me tivesse dito isso, eu o teria olhado como a pessoa mais tola do mundo.

Depois de almoçar no hotel e de levar as minhas cartas ao correio, fui a casa do meu amigo Gustavo, o pietista, regressado de uma caçada que o mantivera fora uns dias.

Ficou muito admirado de me encontrar em Roma. Expliquei-lhe o motivo: era ver o Papa.

"Mas vou-me embora sem o ver" — disse-lhe eu —, "porque ele não assistiu às cerimônias da Cátedra de São Pedro, em que me tinham dado esperanças de que estivesse".

Gustavo consolou-me ironicamente e falou-me de outra cerimônia "profundamente" curiosa, que deveria ter lugar, se não me engano, em Santa Maria Maior. Tratava-se da bênção dos animais. E a respeito disso, surgiu uma troca de ditos e piadas como facilmente se pode imaginar entre um judeu e um protestante.

Falamos de caças, de divertimentos, de folguedos de carnaval, da brilhante festa que o Duque de Torlonia tinha dado na véspera. A festa do meu casamento não podia ser esquecida; tinha convidado para ela M. de Lotzbeck, que me prometera ir.

Se nesse momento (era meio-dia) se tivesse aproximado de mim um terceiro interlocutor e me tivesse dito: "Alphonse, dentro de um quarto de hora adorarás a Jesus Cristo, teu Deus e teu Salvador, e estarás prostrado numa igreja pobre; e baterás no peito aos pés de um sacerdote num convento de jesuítas, onde passarás o carnaval para te preparares para o Batismo, disposto a morrer pela fé católica; e renunciarás ao mundo, às suas pompas, aos seus prazeres, à tua fortuna, às tuas esperanças, ao teu futuro; e, se for preciso, renunciarás até à tua noiva, ao amor da tua família, à estima dos teus amigos, ao elo que te liga aos judeus... E não aspirarás senão a servir Jesus Cristo e a levar a tua cruz até à morte!" — digo que, se um profeta me tivesse feito semelhante profecia, só consideraria uma única pessoa mais tola do que ele: aquela que admitisse ser possível a realização de tal loucura! E, no entanto, é uma loucura que hoje faz a minha felicidade e a minha alegria.

Ao sair do café, encontrei a carruagem de M. Théodore de Bussières. Parou e convidou-me a subir para dar um passeio com ele. o tempo estava magnífico e eu aceitei com prazer. Mas o senhor de Bussières pediu-me licença para deter-se uns instantes na Igreja de Sant'Andrea delle Fratte, que ficava quase ao lado, para tratar de um assunto. Disse-me que o esperasse na caleche; eu preferi sair para ver a igreja. Estavam a prepará-la para um funeral, e eu perguntei quem era o defunto que ia receber as últimas homenagens. O senhor de Bussières respondeu-me: "É um dos meus amigos, o Conde de La Ferronays; a sua morte inesperada é a causa" — acrescentou — "da tristeza que deve ter notado em mim desde há dois dias". Eu não conhecia M. de

La Ferronays; nunca o tinha visto e não experimentei senão a vaga pena que se sente sempre que se tem conhecimento de uma morte inesperada. M. de Bussières deixou-me e foi reservar uma tribuna destinada à família do defunto. "Não se preocupe" — disse-me —, "é coisa de dois minutos".

A Igreja de Sant'Andrea é pequena, pobre e deserta; creio que estive lá quase sozinho; nenhuma obra de arte me prendia a atenção. Passeava maquinalmente a vista à minha volta, sem pensar em nada; só me lembro de um cão preto que saltava e pulava diante dos meus pés... Depressa desapareceu o cão, desapareceu também completamente a igreja, e eu não vi mais nada, ou antes, ó meu Deus, só vi uma única coisa!!!

Como se poderia explicar uma coisa que é inexplicável? Toda a descrição, por sublime que fosse, não passaria de uma profanação da inefável verdade. Eu estava lá, abatido, banhado em lágrimas, o coração a saltar-me, quando M. de Bussières me fez voltar à vida.

Eu não podia responder às suas perguntas precipitadas; mas, por fim, agarrei a medalha que o tinha deixado pôr-me ao pescoço; beijei efusivamente a imagem de Nossa Senhora, resplandecente de graça... Ah! Era mesmo ela!

Eu não sabia onde estava, não sabia se era Alphonse ou um outro; sentia uma mudança tão radical que me julgava outro eu... Procurava reencontrar-me e não conseguia... Explodiu na minha alma a alegria mais ardente; não pude falar; não quis revelar nada; sentia em mim alguma coisa de solene e de sagrado que me fez pedir um padre... Levaram-me a ele, e só depois de receber uma ordem formal dele é que falei como pude, de joelhos e com o coração a tremer.

As minhas primeiras palavras foram de gratidão para M. de La Ferronays e para a Arquiconfraria de Nossa Senhora das Vitórias. Sabia com absoluta certeza que M. de La Ferronays tinha rezado por mim; mas não saberia dizer como o soube, nem explicar as verdades cuja fé e conhecimento tinha alcançado. Tudo o que pude dizer foi que, no momento do grande acontecimento, me caiu dos olhos a venda; e não foi uma venda só; todas as vendas que me envolviam desapareceram sucessiva e rapidamente, como a neve e a lama e o gelo sob a ação de um sol ardente.

Tudo o que sei é que, ao entrar na igreja, ignorava tudo; e que, ao sair, via claro. Não posso explicar esta mudança senão pela comparação com um homem que acordasse de repente de um sono profundo, ou então pela analogia com um cego de nascença que de repente visse a luz do dia; ele vê, mas não pode definir a luz que o ilumina e no seio da qual contempla os objetos da sua admiração. Se não se pode explicar a luz física, como se poderia explicar a luz que, no fundo, não é senão a própria verdade? Julgo não errar se disser que não tinha nenhum conhecimento da letra dos dogmas, mas que entrevia o seu sentido e espírito. Sentia essas coisas mais do que as via, e sentia-as pelos efeitos inexprimíveis que produziam em mim. Tudo se passava dentro de mim; e essas impressões mil vezes mais rápidas que o pensamento, mil vezes mais profundas que a reflexão, não só emocionaram a minha alma como a viraram do avesso, dirigindo-a noutro sentido, para outro fim, e por um caminho novo.

Essa foi a aventura romana de Alphonse de Ratisbonne. A partir daí — acrescenta —, o mundo passou a ser nada para ele, os seus preconceitos contra o cristianismo desmoronaram-se sem deixar sinais, do mesmo modo que os preconceitos da sua infância; e o amor do seu Deus "tomou o lugar de qualquer outro amor".

POR ACASO MERECE CRÉDITO?

Que esses profissionais da verdade que deveriam ser os intelectuais descartem do seu pensamento as aparições de Lourdes, sob o pretexto de que Bemadette Soubirous era uma menina, e as meninas nem sempre distinguem no que se lhes diz o sonho da realidade, admito-o (embora não

HÁ UM OUTRO MUNDO

acredite nisso); que rejeitem o relato dos pastorinhos de La Salette, que viram Nossa Senhora chorar nas Montanhas do Dauphiné, porque pastorinhos sem instrução podem deixar--se influenciar ou ser vítimas de uma espécie de autossugestão mútua, ou por tantos outros motivos do gênero, ainda o admito. Por fim, que não se faça caso do meu testemunho, porque não há nada mais difícil de compreender do que uma visão sem imagens, ou mais difícil de acreditar do que um jornalista que diz ter encontrado a verdade, acho bem, ainda que seja duro saber e não convencer, e mais duro ainda ter de verificar que não se convenceu por falta de eloquência, e que só faltou a eloquência porque faltou o amor.

Mas Ratisbonne? Os filhos de banqueiros podem estar sujeitos a alucinações como qualquer outra pessoa, mas normalmente estão armados do equipamento intelectual necessário para se aperceberem da sua alucinação, se não imediatamente, pelo menos mais tarde. É deveras extraordinário que tal fenômeno proporcione ao paciente uma serenidade nova — além de uma vocação e além de uma doutrina e ainda mais extraordinário que, à parte dois ou três espíritos como Henri Bergson[5] ou Jean Guitton,[6] nenhum pensador profissional tenha julgado útil examinar uma mudança tão insólita, ao menos para explicar como um homem tão dotado de senso crítico como pode ser um judeu, e de realismo como pode ser um filho de boa família perfeitamente consciente

---

5 Henri Bergson (1859–1941), de origem hebraica, foi filósofo de tendência vitalista e professor do Collège de France.
6 Jean Guitton (1901–1999) foi filósofo e ensaísta, um dos principais pensadores católicos do século xx.

das vantagens da sua posição, pôde basear todo o resto da sua vida sobre uma ilusão dos sentidos e sem refletir sobre as suas consequências, ao recuperar o sangue-frio.[7]

POR QUE MARIA NÃO PODERIA MANIFESTAR-SE?

Fica-nos a aparição em si mesma. Mas já Rimbaud[8] disse:

Será que se reza
à Virgem Maria?[9]

---

7 Alphonse de Ratisbonne nasceu em Strasbourg a 1° de maio de 1814. Como vimos, pertencia a uma proeminente e rica família de banqueiros de origem hebraica; embora oficialmente fosse judeu, era na verdade profundamente avesso a qualquer religião e, depois da conversão do seu irmão Théodore, expressamente hostil ao catolicismo. Depois de estudar direito em Paris, passou a trabalhar num banco que pertencia ao tio. Aos vinte e sete anos, contraiu noivado com a sobrinha, mas, como esta tinha apenas dezesseis, o casamento só foi marcado para dali a alguns anos; enquanto esperava, Ratisbonne resolveu fazer uma viagem de lazer ao Oriente, e foi nessa ocasião que, ao passar por Roma, ocorreu a sua conversão (20 de janeiro de 1842). A partir de então, não teve outra meta senão "trabalhar, chorar e sofrer pela redenção de Israel". Juntamente com o irmão (agora Marie-Théodore), começou por fundar as Irmãs de Nossa Senhora de Sião (1843), ordenou-se sacerdote (1847) e entrou para a Sociedade de Jesus. Mas, como desejava devotar-se inteiramente à conversão dos judeus, deixou os jesuítas com o consentimento de Pio IX, transferiu as Irmãs de Sião para Jerusalém (1855) e fez construir para elas o convento do *Ecce Homo* (1856) — assim chamado porque se situa no lugar onde provavelmente ficava o pretório de Pilatos e onde Jesus foi mostrado à multidão —, anexo a uma escola e a um orfanato de meninas. Criou também o orfanato de São Pedro, junto da porta de Jaffa, nos arredores de Jerusalém, vinculado a uma escola técnica no interior da cidade. Em 1860, fundou o Convento de São João em Ain-Karim, perto de Jerusalém, juntamente com uma igreja e outro orfanato para meninas, onde passou a residir com alguns companheiros — os Padres de Sião — e a trabalhar pela conversão de judeus e maometanos. Morreu em Ain-Karim a 6 de maio de 1884.
8 Arthur Rimbaud (1854–1891), gênio poético extremamente precoce — lançou a sua primeira coletânea, *Le bateau ivre* [O barco ébrio], aos dezessete anos —, defendia a ideia de que a poesia nasce de uma "alquimia" da musicalidade e dos sentidos.
9 "Est-ce que l'on prie / la Vierge Marie?".

HÁ UM OUTRO MUNDO

Há anos que não se ouve uma Ave-Maria numa igreja, a não ser aqui ou além, durante as tardes de que só as senhoras idosas dispõem, quando não exigem delas que levem os netos a passear. Na missa, só o Arcanjo Gabriel faz ressoar a sua saudação sob as abóbadas, no dia da festa da Anunciação. E ainda é contestado por pregadores que acreditariam mais facilmente nos homúnculos verdes do planeta Marte do que nos anjos. Conheço um padre dos mais destemidos que se bate com o arcanjo todos os anos para o forçar a confessar que não existe e que não passa de uma forma emergente do subconsciente de Nossa Senhora, subitamente invadido pelo sentimento de uma missão. No fim desse gênero de sermão, perguntamo-nos por que motivo os padres julgam necessário acender velas para falar de psicanálise.

Ainda se Nossa Senhora, destronada, se tornasse uma mulher como as outras! Mas nem sequer é o caso. Recordo-me de uma vasta campanha da imprensa contra a proclamação da doutrina de Maria Medianeira. Não se lhe poderia reconhecer essa prerrogativa, diziam-nos, sem a retirar ao seu Filho, de modo que todas as mulheres que passam a vida a interceder entre o pai e os filhos, entre o mundo e o marido, entre os rapazes e as moças; que recebem antes que mais ninguém todos os choques da vida, esforçando-se por proteger aqueles que as rodeiam; que são as delegadas por excelência nas tristezas e nas dores... Todas as mulheres, digo, seriam medianeiras por natureza, exceto a Virgem Maria. E quantas vezes nos terão prevenido contra os excessos de uma devoção cujos efeitos emolientes se comprazem em descrever, de cujas manifestações troçam, como se o nosso século estivesse inclinado a ter alucinações místicas e como se tivesse alguma graça desprezar tantas misérias e sofrimentos que só puderam ser tiradas do mundo pelas contas do terço, por essa semente de esperança segurada por uns dedos crispados.

É verdade que a exuberância untuosa do gesso colorido que tenho diante dos olhos na Igreja de Santo Antônio é mais propícia às considerações de pastelaria do que a árduos arroubos metafísicos. Mas a debilidade da representação não impede que — pelo seu retraimento, pela sua pureza, pela prontidão da sua aquiescência ao divino, pela sua mediação inicial e crucificada entre o visível e o invisível, e pela sua própria maneira de se declarar a *"serva do Senhor"* — Maria seja, mais que a imagem em azul e ouro da submissão resignada que depois triunfa, a figura evangélica da inteligência, e que há poucas hipóteses de compreender seja o que for do Evangelho se não pararmos um instante diante dela e se não pronunciarmos em nós mesmos a "Ave, Maria" que faz girar suavemente a história para a expor à eternidade.

"DEUS EXISTE, EU O ENCONTREI"

Como não consta que todos me tenham lido, transcrevo agora algumas das últimas páginas de *Deus existe, eu o encontrei,* em que narrei a minha própria história, antes de — repito — ter tido conhecimento do texto que reproduzi acima. Justaponho os dois relatos porque ambos comportam, além da estranha

HÁ UM OUTRO MUNDO

semelhança de circunstâncias, uma intervenção abrupta que parece excluir — mas só na aparência — a participação do livre-arbítrio. Dito isto, do fato de eu me ter convertido tão repentinamente como o visitante indiferente de Sant'Andrea delle Fratte, não se segue que eu me apresente como um outro Ratisbonne. O paralelo entre os acontecimentos não implica a comparação entre as pessoas; os cristãos que comungam fazem, ao fim e ao cabo, a mesma coisa que os apóstolos na quinta-feira santa, e nem por isso sonham em tomar-se por algum deles.

Portanto, estamos a 8 de julho de 1935, e eu acabo de restituir ao meu amigo o livro de Berdiaef[10] que me tinha emprestado, como Ratisbonne restituiu a M. de Bussières (foi um pormenor que esqueci de mencionar no relato anterior) o texto da oração "Lembrai-vos", de São Bernardo, que não tinha feito mais impressão nele do que em mim o Berdiaef. Vamos almoçar juntos, paramos na Rua Ulm. Que pensava eu nesse momento? Não me lembro. Pensamentos distantes, como sempre. O meu estado de espírito? Nenhuma perturbação, nem pesar, nem angústia:

O meu companheiro desceu e, de cabeça inclinada no enquadramento da porta, ofereceu-me uma opção: segui-lo ou esperá-lo alguns minutos. Esperei-o. Com certeza tinha uma visita a fazer. Vi-o atravessar a rua, empurrar uma portinhola perto de um grande portal de ferro,

---

10   Nicolau Alexandrovitch Berdiaef (1874–1948), filósofo ucraniano de orientação inicialmente marxista, converteu-se por volta de 1904 a uma posição muito próxima do cristianismo, embora alimentasse reservas com relação à Igreja institucional (conhecia apenas as Igrejas Ortodoxas russa e ucraniana). Opositor dos bolcheviques entre 1918 e 1922, acabou por ser preso e deportado. Dois anos depois, fixou-se em Paris e dedicou o resto da vida a meditar e escrever.

sobre o qual emergia o telhado em ponta de uma capela. Bom, ia rezar, confessar-se; entregar-se, em suma, a uma ou outra dessas atividades que tomavam tanto tempo aos cristãos. Razão a mais para eu ficar onde estava. [...]

Dentro de dois minutos serei cristão.

Ateu tranquilo, evidentemente nada sei a respeito disto, quando, farto de esperar o fim das incompreensíveis devoções que retêm o meu companheiro um pouco mais do que ele havia previsto, por minha vez empurro a pequena porta de ferro para examinar mais de perto, como desenhista ou basbaque, o edifício no qual sou tentado a dizer que ele se eterniza (na realidade esperei-o, no máximo, três ou quatro minutos). [...]

O fundo da capela está fortemente iluminado. Por cima do altar-mor, vestido de branco, um vasto aparato de plantas, candelabros e ornatos, dominado por uma grande cruz de metal trabalhado que exibe no centro um disco de branco fosco. Três outros discos da mesma dimensão, mas de matiz imperceptivelmente diverso, estão fixados nas extremidades da cruz. Já entrei em igrejas por amor à arte, mas nunca vi um ostensório habitado, nem mesmo, penso eu, vi uma hóstia, e ignoro que estou diante do Santíssimo Sacramento, para o qual ascendem duas fileiras de círios. A presença dos discos suplementares e as douradas complicações do cenário tornam ainda mais difícil a identificação desse sol longínquo.

Escapa-me a significação de tudo isso, com tanto mais facilidade quanto não a procuro. De pé, junto da porta, busco com os olhos o meu amigo e não consigo reconhecê-lo entre as formas ajoelhadas que se me deparam. O meu olhar passa da sombra à luz, volta a percorrer a assistência sem trazer qualquer pensamento, vai dos fiéis às religiosas; imóveis, das religiosas ao altar. Depois, não sei por que, fixa-se, para no segundo círio que arde à esquerda da cruz. Não no primeiro, nem no terceiro: no segundo. É então que se desencadeia, bruscamente, a sequência de prodígios cuja inexorável violência vai desmantelar num instante o ser absurdo que eu sou e fazer vir à luz do dia, maravilhada, a criança que até então nunca fui.

Antes de mais nada, são-me insufladas estas palavras: "Vida espiritual".

Não me são ditas, não sou eu que as formo; ouço-as como se fossem pronunciadas perto de mim, em voz baixa, por uma pessoa que vê o que eu ainda não vejo.

A última sílaba desse prelúdio murmurado ainda mal atingiu em mim a margem do consciente, quando começa a avalanche ao inverso. Não digo que o Céu se abre. Não se abre, arremessa-se, eleva-se subitamente — silenciosa fulguração — dessa insuspeitável capela na qual estava misteriosamente encerrado. Como descrevê-lo com estas palavras demissionárias que recusam os seus serviços e ameaçam interceptar os meus pensamentos para remetê-los ao armazém das quimeras? O pintor a quem fosse dado entrever cores desconhecidas, com que cores as pintaria?

É um cristal indestrutível, de uma infinita transparência, de uma luminosidade quase insustentável (um grau mais me aniquilaria) *e talvez azul,* um mundo, outro mundo, de um brilho e uma densidade que relegam o nosso às sombras frágeis dos sonhos inacabados. Ele é a realidade, ele é a verdade, eu a vejo da margem obscura em que estou retido. Há no universo uma ordem, e no seu vértice — para além desse véu de bruma resplandecente — a evidência de Deus, a evidência feita Presença e a evidência feita Pessoa daquele que um momento antes eu teria negado, chamado pelos cristãos "Pai nosso", de cuja suavidade me apercebo, uma suavidade que nenhuma outra iguala, que não é a passiva qualidade às vezes designada por esse nome e sim uma suavidade ativa, explosiva, que ultrapassa toda a violência, capaz de despedaçar a pedra mais dura e, mais duro do que a pedra, o coração humano.

A sua irrupção desfraldante, plenária, faz-se acompanhar de uma alegria que não é senão a exultação daquele que foi salvo, a alegria do náufrago recolhido a tempo. Com a diferença, porém, de que é no momento em que sou içado para a salvação que tomo consciência da lama em que, sem o saber, me havia afundado; e me pergunto, vendo-me ainda preso a meio-corpo, como pude ali viver e respirar.

Ao mesmo tempo, uma nova família me é dada, a Igreja, cujo encargo é conduzir-me para onde tenho de ir, já que, bem entendido, a despeito das aparências, resta-me vencer uma certa distância, e não poderia ser abolida senão pelo desvio da gravitação.

Todas estas sensações, tão difíceis de traduzir na inadequada linguagem das ideias e das imagens, são simultâneas, compreendidas umas nas outras; após todos estes anos, não lhes esgotei o conteúdo. Tudo está dominado pela Presença, para além e através de uma imensa assembleia, daquele cujo nome nunca mais poderei escrever sem que me venha o temor de ferir a sua ternura, diante do qual tenho a felicidade de ser um filho perdoado, que desperta para saber que tudo é dom. [...]

O milagre durou um mês. Cada manhã, voltava a encontrar extasiado essa luz que fazia empalidecer a luz do dia, essa suavidade que jamais esquecerei e que é todo o meu saber teológico. A necessidade de prolongar a minha permanência no planeta, quando havia todo esse Céu ao alcance da mão, não me parecia muito clara: aceitava-a mais por reconhecimento do que por convicção. Contudo, luz e suavidade perdiam cada dia um pouco da sua intensidade. Finalmente desapareceram, sem que eu tivesse sido, no entanto, restituído à solidão. A verdade ser-me-ia dada de outro modo. Teria de procurar depois de haver encontrado.[11]

---

11 *Deus existe, eu o encontrei*. Rio de Janeiro: Record, 1969, pp. 148–163.

4

"NÃO LHE MUDE UMA ÚNICA PALAVRA"

O texto que acabo de reproduzir, e que bastantes têm julgado muito breve ou pouco explícito, suscitou um certo número de perguntas que encontrarão direta ou indiretamente a sua resposta na sequência desta exposição.

Cada um dos termos que nele usei foi pensado duas vezes com verdadeiro escrúpulo, porque não se aposta a própria vida espiritual com base em aproximações, e menos ainda diante de um homem que saiba ler: era o caso do padre dominicano Jean de Menasce.

Falava dezesseis línguas, três ou quatro delas desconhecidas do resto dos mortais, à exceção de uns poucos peritos em civilizações desaparecidas, com os quais se correspondia servindo-se de um alfabeto indecifrável criado expressamente por eles. A sua inteligência era de uma agilidade inaudita. A primeira palavra da frase dava-lhe a direção do nosso pensamento e ele captava-a tão depressa que conseguia pronunciar a segunda conosco. Tinha origens complexas, em que entravam o israelita egípcio, o cristão francês ou suíço, e talvez o inglês, embora não possa assegurá-lo e nunca tenha procurado sabê-lo. Educara-se em Oxford e convertera-se ao cristianismo; ligado por laços de amizade a toda a sorte de celebridades dos mais variados campos, o que não o tornava menos acolhedor para com os humildes e as crianças, era desses seres singulares que dormem numa cama de ferro atrás de um biombo e recebem no Ano Novo umas linhas de Einstein ou da Rainha da Inglaterra. Na sua juventude, a agudeza de espírito não o situara entre os mais tolerantes; mas, com a idade, enquanto se ia assemelhando mais e mais a um rabino de barrete negro, mergulhado em papéis e livros impressos ao contrário — exceto o nome do editor —, foram-lhe vindo a indulgência, depois a serenidade e depois a caridade: era a única pessoa no mundo que nunca deixava de se manifestar em certos dias do ano em que a minha mulher e eu estamos geralmente sós com as nossas lágrimas.

No fim da vida, despedaçado por uma série espantosa de comoções, tinha levado a sua erudição e o seu humor para a parte dele mesmo que permanecia intacta, como nos refugiamos num canto de uma casa destruída com o que pudemos salvar dos nossos objetos de família; e quando o vimos passar da compaixão à paixão e arrastar sem um gemido o seu corpo mutilado do Getsêmani ao Calvário, compreendemos que não tínhamos aproveitado totalmente a graça que nos fora concedida: a de termos tido como amigo, durante tanto tempo, um santo.

Sempre submeti ao seu critério, que para mim tinha força de lei, tudo o que escrevia em matéria de religião; não o resto: o jornalismo, a sua pressa e as suas grandes manchetes chocavam a sua delicadeza, e de nada adiantava que eu tentasse justificar-me sustentando que, entre o que sabemos do Céu e o que podemos ver todos os dias da Terra, havia tanta diferença que a ironia ainda era a maneira mais suave de exprimir a consternação que causava; eu bem via que ele não aderia às minhas razões e que o gênero e o modo desagradavam por igual tanto à sua prudência de sábio como à sua reserva de velho oxoniano.

Quando me devolveu o manuscrito de *Deus existe, eu o encontrei*, só me disse isto: "Não lhe mude uma única palavra". E repetiu-o dois dias depois à minha mulher: "Nem uma palavra". Pensava que também não havia nada a acrescentar e que era inútil dar mais explicações do que as que eu já dava. Alguns mal-entendidos vieram a demonstrar que ele se enganara. Ao resumirmos as palavras para encontrar a verdade, acontece o mais das vezes que resumimos também as ideias e que, para sermos mais lacônicos, acabamos por ser impenetráveis.

Foi assim que, por exemplo, não insisti suficientemente no meu livro sobre o caráter objetivo do fenômeno.

UMA EXPERIÊNCIA OBJETIVA

Eu não sonhei.

Não é necessária demonstração alguma. Não há nenhum sonho que recomece todos os dias no ponto em que ficou na véspera. Além disso, se eu tivesse sonhado, a vida ter-se-ia encarregado de me despertar.

Eu não imaginei nada. Se a minha imaginação tivesse tomado parte no fenômeno, teria produzido imagens; ora, não houve nenhuma, e é isso mesmo que torna a descrição difícil. Se, contudo, ainda empreguei algumas, foi por falta de uma linguagem mais apropriada ao espiritual puro e vivo. Sobre este ponto, explicar-me-ei quando falar do "outro mundo".

Foi uma experiência objetiva. Quero dizer que a alegria não me alvoroçou como alvoroça a notícia de uma grande sorte ou de um regresso que já ninguém esperava: veio-me de cima como uma onda de luz de uma intensidade irresistível e suave, e a sua irrupção deu-se improvisada, assim como alguém que se banha no mar pode ser surpreendido por uma vaga que não viu formar-se; e ainda tenho de acrescentar que não sabia que estava na margem desse oceano. Já o disse e repito-o: assisti à minha própria conversão com um espanto que ainda perdura.

"Bem" — disseram-me —, "o senhor é o que os outros fazem de si. O seu pai é socialista, o senhor é socialista. Deus passa, e aí está o senhor cristão. E o seu livre-arbítrio? Onde está a sua personalidade?".

É verdade que eu não aderi ao cristianismo como adulto consciente e esclarecido, depois de pesar os prós e os contras, o possível e o improvável. É verdade que entrei naquela igreja sem refletir, e que não tive de pesar nenhum argumento ali; é verdade que não me debati com a graça, que não deliberei sobre uma oferta, e que me deixei invadir pela alegria sem resistir. Reconheço-o, confesso-o, e chego mesmo ao ponto de admitir que nunca teria pensado na famosa, velha e terrível questão do "livre-arbítrio" se não ma tivessem levantado para me envergonharem da minha passividade. Tive de forçar-me a refletir e percorrer um longo caminho para alcançar a resposta, que é simples como a maioria das respostas às perguntas complicadas.

Apercebi-me aos poucos, ao adquirir alguma experiência do mundo — porque também é verdade que tomei conhecimento do outro mundo ainda antes de ser plenamente esclarecido sobre este de que a liberdade tem dois sentidos ou dois polos, que pode encaminhar-se para a afirmação ou, pelo contrário, para a negação desse "eu" que Pascal com razão chama "detestável", e que com efeito sabe sê-lo tão bem que começa logo a detestar tudo o que não pode absorver. Esse "eu" ao qual sempre falta alguma coisa para ser ele mesmo, como esses impérios que nunca terminam de alargar as suas fronteiras e se quebram ao meio. Esse "eu" para quem o ser livre é aquele que "faz o que quer", quando o ser livre é aquele que pode também fazer o que não quer.

A primeira é a liberdade dos demagogos e das ideologias; promete o pleno desenvolvimento e só dá a indiferença, leva ao crescimento e endurecimento dos egoísmos, que lança uns contra os outros antes de os entregar ao primeiro despotismo que apareça e os atire aos seus cães. No segundo sentido, a liberdade alivia o ser do peso da sua própria natureza, desliga-o de si para abri-lo ao amor de um outro ou de outros, fá-lo à imagem de Deus, que está sempre disposto a renunciar a si mesmo para se fazer acessível, até sob umas espécies aleatórias de pão e de vinho. Esta liberdade não se fortalece com o que toma dos outros, mas com o que lhes dá.

A pseudo-liberdade que pretende fazer do ser humano um pequeno deus "girando à volta de si mesmo como de um sol" não passa de uma mentira; leva às formas mais desesperadoras de escravidão política e moral.

A verdadeira liberdade é aquela que dá a faculdade de amar. Neste sentido, a liberdade não é senão o pseudônimo da caridade.

E se tem a sua expressão mais acabada em Deus, não tem outra fonte nem outra garantia fora dele. É por ele e só por ele que nós temos a possibilidade de fugir ao determinismo da natureza e aos mecanismos de opressão que não cessamos de armar contra nós mesmos. É por ele e só por ele que nada de inexorável pode governar o nosso destino. "A verdade vos libertará", diz o Evangelho:[1] a verdade divina não tira a liberdade à pessoa que ela visita, mas dá-lha.

Por que razão e de que modo poderia eu opor o meu livre-arbítrio àquele que acabava de descobrir, se a minha liberdade era ele?

---

1 Jo 8, 32.

5

Como poderia eu entrar depois numa dessas igrejas, onde tive a estranha sorte de assistir ao meu próprio nascimento, sem sentir a doce pungência de suaves apreensões? Ao deixar a capela da Rua Ulm eu sabia quatro coisas, ou melhor, via quatro evidências que nunca mais deixaram de me espantar: há um outro mundo; Deus é uma Pessoa; nós estamos salvos e, paradoxalmente, estamos por salvar; a Igreja é de instituição divina.

A IGREJA E AS CORES DA VIDA

O que vou dizer nasce da experiência e nada tem a ver com a teoria. Na minha vida, nunca meditei mais sobre a Igreja do que meditei sobre a minha avó, que me cantava à noite canções em que "os cavaleiros da lua" dançavam valsas tristes, "cada um com cada u'a".[1] Nunca pensei em estudar a minha

---

1 Em francês, "'les chevaliers de la Lune' dansaient des valses hrunes 'chacun avec ehacune'".

avó ou em criticar as suas canções. O importante não era a qualidade da letra; o importante era estar no seu colo e sentir que nunca seria desalojado dali, nem pelo fim do mundo que chegava com o sono.

A Igreja também canta, e neste mundo acontece que ela canta desafinado. Mas será a Igreja propriamente dita esse pequeno segmento visível de um orbe prodigioso a que ninguém deu a volta e que passa pela eternidade? Quem sabe onde começa e onde acaba a Igreja, quem faz parte dela, quem está excluído dela — ou antes, quem se exclui dela, porque não consigo imaginar que alguém possa ser rejeitado por ela? Dessa imensa proa de rostos voltados para a luz, diante de uma massa imóvel de sombras, nós só vemos a parte inferior, imersa conosco no monturo do mundo; é a esse pedaço de roda de proa, carcomida pelo sal e um pouco suja, que os críticos se agarram como cracas; mas e o resto, que resplandece acima das águas?

Ela é de instituição divina; porque é Deus quem lhe confia as almas, e não ao contrário, como pensam alguns burocratas de sacristia que escolhem as crianças que devem ser batizadas. Eu não lhe dei a minha adesão; fui levado a ela como uma criança que se leva pela mão à escola, ou que se leva para a casa da família que ela ainda não conhecia. Esta sensação de conivência entre a Igreja e o divino foi tão forte que me conteve sempre, não de avaliar os erros cometidos através dos séculos pelos homens da Igreja, mas de tomar a parte pelo todo, as pias de água benta da Basílica de São Pedro pelo lago de Tiberíades, a teoria dos cônegos do cabido de Notre-Dame pela Igreja. Nunca tive sequer a tentação de proferir o mínimo esboço de juízo sobre a Igreja: o que ela tem de santidade no invisível impressiona-me, o que tem de fraqueza e de imperfeições aqui embaixo tranquiliza-me e faz-me senti-la mais perto de mim. Pois também eu não sou perfeito.

Ela pareceu-me bela desde o primeiro dia. Os cristãos de berço (assim chamam os americanos aos fiéis nascidos em famílias já cristãs) que muitas vezes me perguntaram — com a cara do campônio que procura conhecer a opinião do turista sobre as últimas iniciativas do município — se a Igreja não decepcionou o jovem convertido que eu era, não se dão conta do assombroso contraste que ela formava (peço perdão ao meu pai e aos homens de boa vontade que o seu exemplo me ensinou a respeitar) com o acampamento ideológico da minha infância, onde se vivia, vejo-o bem agora, de algumas ideias cristãs desviadas do seu fim, cortadas das suas raízes naturais, metidas em conserva e que deformavam a tampa do recipiente.[2]

O cristianismo e a sua Igreja tinham as cores da vida, e as inocentes imagens piedosas, até essas me pareciam transbordantes de santidade comparadas com a pardacenta uniformidade das construções mentais de que acabava de sair.

---

2   O autor alude a uma ideia de G. K. Chesterton: os ideais da Revolução Francesa, de "liberdade, igualdade e fraternidade", não foram senão "ideias cristãs transviadas". Com efeito, tudo o que há de aspirações nobres à justiça e à igualdade no socialismo e à liberdade no liberalismo foi herdado da doutrina da Igreja; mas esses ideais cristãos foram tirados do contexto, absolutizados, deformados e postos em prática com total desprezo dos direitos e da dignidade da pessoa humana; e o resultado está patente nas dolorosas consequências dessas ideologias ao longo do século xx.

HÁ UM OUTRO MUNDO

Eu divertia-me com a ideia de que os intelectuais, indo para o Céu, o encontrariam para mal dos seus pecados em tudo semelhante ao de Saint-Sulpice,[3] e haveriam de chorar de reconhecimento e de alívio.

DIFAMAÇÕES VAZIAS

Mas como poderia eu ter aprendido fosse o que fosse de útil e verdadeiro a respeito da Igreja? Os meus livros, os meus Voltaire, os meus Rousseau, os meus exploradores do nada filosófico e os meus fabricantes de guerra civil nunca me tinham falado dela senão em termos difamatórios, agarrando-se às fraquezas que apresentava e sublinhando os seus erros, esquecendo os seus benefícios e ignorando as suas grandezas, cujo brilho, aliás, desde há muito não chegava aos seus espíritos totalmente ocupados consigo mesmos e preocupados em evitar a admiração como uma perda.

Quando penso que esse Rousseau — que tanto li e quase amei na minha mocidade — pôde passar dois anos em Veneza sem trazer dessa cidade de sonho senão a lembrança dos seus intermináveis dissabores administrativos e das suas desilusões amorosas, como se nunca tivesse tido um olhar para essa miragem que as águas desdobravam ao seu lado e os espelhos multiplicavam, com os seus bules de infusão espiritual sob as suas cúpulas de seda,[4] os seus colares de

---

3 Igreja histórica de Paris que teve toda a decoração reformulada no século JQX segundo o gosto "piedoso" e adocicado da época.
4 Referência às igrejas de cúpulas bizantinas, como a Catedral de São Marcos, que têm certa semelhança com bules.

palácios e, sobre os seus longos dedos verdes,[5] o delicado bairro de noite das suas gôndolas munidas da sua irônica chave dos sonhos!

Os meus livros reconheciam o antigo poder da Igreja, mas era para melhor censurar o mau uso que tinha feito dele. A sua história era a de uma longa e frutuosa tentativa de domínio, disfarçada de filantropia: ela só pregara a humildade para conseguir a resignação, e ensinara a esperança para não ouvir falar da justiça. Citavam com gosto os inquisidores, os papas guerreiros ou os "gatinhos mitrados", segundo a expressão de uma dama da Fronda,[6] mas nunca falavam dos seus mártires e dos seus santos, à exceção de Joana d'Arc — por ter sido vítima do clero — e de São Vicente de Paulo — cuja atividade caridosa punha em evidência as misérias e as deficiências sociais do seu tempo. Eram prolixos ao falar da cabeça política da Igreja terrena e mudos sobre o seu coração evangélico; eu sabia tudo sobre as atitudes despóticas de Júlio II e nada sobre os arroubos místicos de Francisco de Assis.

Esses livros não me tinham dito que, se a Igreja neste mundo nem sempre combateu o bom combate, ao menos guardou a fé, a única coisa que pudera tornar esta Terra mais acolhedora para nós; que nos deu um rosto, a nós que já não sabemos bem se somos deuses ou vermes, o supremo ornamento do universo ou um débil emaranhado de moléculas sobre um fragmento de lodo perdido num mar de silêncio. Ela sempre soube — e, neste século do terror, da

---

5 Os canais.
6 A *Fronda* foi um movimento de oposição dos Parlamentos provinciais e dos nobres ao Cardeal Mazarino, regente da França durante a minoridade de Luís XIV.

deportação e da morte, vemos bem que era ela a única a saber — que o homem é um ser que, ao fim e ao cabo, só conta para Deus.

Não, os meus livros não me tinham dito que a Igreja nos salvou de todos os desmandos a que estamos entregues sem defesa desde que ela deixou de ser ouvida ou desde que se calou; que as suas promessas de eternidade fizeram de cada um de nós uma pessoa insubstituível, antes que a nossa renúncia ao infinito fizesse de nós um átomo efêmero e indefinidamente renovável da mucosa ou da espinha do grande animal etático;[7] que os seus cemitérios não estão cheios — segundo a expressão de não sei que cínico "de pessoas que se julgavam indispensáveis", mas que ela guarda lá, como um tesouro, o pó impalpável do qual surgirão um dia os corpos ressuscitados; que as únicas janelas que alguma vez se abriram na muralha de noite que nos envolve são as dos seus dogmas, e que as lajes gastas pelas lágrimas das suas catedrais são o único caminho que alguma vez se abriu para a alegria.

---

7 O universo, "grande animal das eras", de todos os tempos.

6

A SALVAÇÃO CUSTA

Deus salva, e isso não é fácil. Se não temos a humildade natural ou adquirida por uma recomendável prudência, se nunca tivemos, ainda que por um instante, por inteligência ou por graça, o sentimento da deslumbrante pureza de Deus, medimos mal a dificuldade que pode haver em reunir para sempre o ser que ele é e o ser que nós somos. Quando falo, no relato da minha conversão, da "exultação daquele que foi salvo", da "alegria do náufrago recolhido a tempo", e noto que "*é* no momento em que sou içado para a salvação que tomo consciência da lama em que, sem o saber, me havia afundado", e me pergunto, "vendo-me ainda preso a meio-corpo, como pude ali viver e respirar" — quando falo assim, emprego imagens, mas são imagens que manifestam fielmente a realidade, coisa que nenhuma expressão abstrata conseguiria fazer; Deus não é uma fumacinha dialética.

HÁ UM OUTRO MUNDO

Sim, eu estava na lama sem o saber, e só o soube quando saí dela. Como? Então eu era assim tão abominável? Não há dúvida de que estava cheio de insolência, de ignorância, de presunção, de ingratidão e de todas as outras boas qualidades que se admiram na juventude. Não me sentiria capaz de imitar o amigo Jean-Jacques[1] do princípio das *Confissões,* em que ele convoca a humanidade inteira para o tribunal supremo, desafiando um único dos seus congêneres a ousar dizer-se melhor que ele. Mas, enfim, eu não apresentava deformidades morais especiais, não era mais inclinado aos excessos do mal do que aos do bem, não era um monstro; se o fosse, alguém mo teria dito. Meu pai considerava-me inepto e desalentador sem mais, e Willemin julgava-me acanhado, mas não totalmente detestável.

No entanto, desfazia-me como lama ao sol. Seria essa comprovação fruto da minha elaboração pessoal? Não creio. Era simplesmente a suave violência dessa luz que se erguia diante de mim e que me revelava uma indignidade em que, aliás, não entravam nem remorso nem arrependimento, nem qualquer sentimento de culpabilidade, mas antes essa espécie de confusão abatida que inclina menos à confissão do que às desculpas. Na minha alegria, sentia-me verdadeiramente desolado porque não tinha, para oferecer em troca de tanta beleza, mais que uma insignificante condensação de nada.

A partir daí, compreendi melhor a tenacidade dos santos, que são os melhores dos homens, eles que se aniquilam numa contrição que poderia parecer uma humildade afetada se não

---

1 Rousseau.

fosse a consequência direta dessa Presença mais ou menos vivamente sentida em que vivem, que os chama a uma amizade inacreditável e que, unindo uma generosidade sem par a um esplendor sem fim, transforma a sua admiração em reconhecimento e o reconhecimento em adoração. Eles sabem pela bondade do seu coração o que eu aprendi sem esforço, sem mérito e sem resultado: que, de todos os dons de Deus, o primeiro e mais admirável é o seu amor por nós, que somos muito em relação ao mundo material e nada diante dele.

O segundo, que não é menor, é o amor que ele nos dá para que com ele o amemos. Embora seja preciso que esse amor que vem dele seja diferente quando para ele voltar. A salvação é isto; e eu afirmo que não é fácil.

POR QUE DEUS NÃO SE MANIFESTA?

O que eu não sei designar senão por "minha radiosa consternação por me ver tão feio" ter-me-á ajudado poderosamente a compreender por que Deus não se manifesta mais, já nesta vida. Tudo seria muito mais simples — diz-se — se os nossos olhos o vissem assim que se abrem, se ele precedesse todos os nossos passos e nos acompanhasse durante o dia todo, para nos acolher, quando chegasse a noite, na sua paz e transparência infinitas. Não seríamos melhores (exceto Jean-Jacques, que não o poderia ser...), não se entenderiam melhor os homens, não teriam o coração mais terno, a oração mais fácil, se tivessem, ao menos de tempos a tempos, um vislumbre desse outro mundo onde tudo se resume no amor?

HÁ UM OUTRO MUNDO

"Suponhamos", escrevia Bergson,[2]

que um vislumbre desse mundo desconhecido nos chegasse visivelmente aos olhos do corpo. Que transformação numa humanidade geralmente habituada, diga ela o que disser, a só aceitar como existente o que vê e apalpa! A informação que assim viesse talvez não atingisse senão o que há de inferior nas almas, o último degrau da espiritualidade; mas não seria preciso mais para transformar em realidade viva e ativa uma crença no além que parece encontrar-se na maioria dos homens, mas que as mais das vezes fica em palavras, abstrata, ineficaz [...]. Na verdade, se nós estivéssemos certos de que sobreviveremos, não poderíamos pensar noutra coisa [...]. O prazer seria eclipsado pela alegria.

O inconveniente seria tornar-nos incapazes de praticar atos de caridade, que exigem em uns a fé e em todos a liberdade e a gratuidade. O que era possível na graça do paraíso terreno — enquanto a semelhança divina que nos fora dada era ainda tão perfeita que os anjos, diz o Talmud, hesitavam em pronunciar-se por Deus ou pelo homem — já não o é no estado de degradação espiritual em que nos encontramos, e em que nos encontramos sem o saber. Porque a nossa aptidão para refazer quase instantaneamente o nosso universo mental e o seu sistema de relações em qualquer nível de sensibilidade espiritual impede-nos de recordar o que perdemos quando descemos um degrau.

Só a comparação com Deus nos permite ganhar consciência da torrente de trevas em que estamos mergulhados com toda a naturalidade, e às vezes mesmo com elegância. Mas as

---

2 Citado por Jean Guitton, *Rue du Bac ou la superstition depassée*. Paris: Éditions s.o.s, 1973, p. 30 — NA.

consequências arriscam-se a ser fatais. Não é a onipotência de Deus que nos ameaça, nem o que nós chamamos a sua "glória", uma palavra que perdeu o seu sentido verdadeiro para se carregar de ênfase ornamental e de atributos devastadores. O que devemos temer é a sua mansidão. A sua caridade oculta à nossa vista a fulguração nuclear do infinito que se encerra numa inconcebível humildade e é essa eterna e límpida inocência de Deus o que dobra os corações. Deus não pode aparecer sem que imediatamente nós nos julguemos e condenemos a nós mesmos sem apelo nem remissão. E é isso o que ele não quer.

Tudo tem nele uma razão de caridade.

7

"TERATEÓLOGOS"

A ideia fixa de certos teólogos é suprimir Deus. Grande ambição! Pelo menos, pretendem suprimi-lo do discurso cristão, reduzi-lo ao anonimato, integrá-lo na sua própria criação para o submeter à evolução e à mudança. Deste modo, não teria existência própria; a sua história seria a nossa história, chamada a mover-se e elevar-se como todas as coisas na espiral ascendente de uma espécie de monstro cósmico sem cabeça, de cauda ondulante, que deixaria atrás de si as nossas peles secas, como a cobra que se descarna. Já não é "teólogos" que lhes devemos chamar, mas "terateólogos".[1]

Já um deles,[2] em *O fenômeno humano,* resumia em quatro linhas, com uma desumanidade fenomenal, o problema do mal e do sofrimento, considerados como as escórias, como

---

1 Neologismo formado por "teratologia", estudo das deformações ou monstruosidades, e "teólogos".

2 Teilhard de Chardin.

HÁ UM OUTRO MUNDO

os dejetos abandonados pelo cortejo humano-divino na sua marcha triunfal. "Dejeto", a Cruz de Cristo? Os soldados romanos que a atiraram à nitreira não fizeram senão antecipar-se à terateologia do século XX. Adeus amor, piedade, bem-aventurança! Vós não sereis consolados porque não haverá consolador. Arranjai-vos com as vossas aflições, contentai-vos com os vossos sofrimentos, esquecei os que vos abandonaram. Nada mais vos é permitido do que a eclosão de uma espécie de ideia fixa que nem sequer tereis a satisfação de conhecer, ao fim de uma interminável aleia de mentiras, de dor e de violência. Pobres lágrimas perdidas que, na sua esfera irisada, refletirão em vão o universo!

E não se ouviu há bem pouco tempo um pensador eclesiástico gritar diante de um florido canteiro de monsenhores e dignitários protestantes — sem que nenhum deles propusesse encerrar a reunião em sinal de luto — "que não há hoje um único teólogo sério que defenda a ideia de um Deus pessoal"?

Não gosto muito da expressão "Deus pessoal", que já cheira ao tal teólogo duvidoso evocando a ideia, totalmente estranha ao cristianismo, de uma onipotência arbitrária, ocupada exclusivamente consigo mesma. No entanto, Deus é uma Pessoa, e é até a única Pessoa que pode dizer sem preâmbulo: "Eu sou".

Que os "teólogos sérios" não saibam nada disso, não é de admirar. Eles olham para o outro lado, e cansam os olhos com "leituras materialistas" do Antigo ou do Novo Testamento, leituras que lhes dizem em cada linha que desconfiem do seu barrete de clérigos. E não se ocupam menos de fazer o papel de anjos ao contrário e, em lugar de nos transmitirem as verdades mais profundas em termos acessíveis às nossas débeis inteligências — como se diz que fazem os puros espíritos de primeira grandeza em relação aos outros —, traduzem as verdades mais simples em linguagem ininteligível aos próprios serafins. Mais um pequeno desgaste de neurônios, e estarão no mesmo ponto em que se encontrava, na Idade Média, o célebre David de Dinant, que chamava a Deus de "matéria-prima".[3] "A novidade, madame" — dizia a Maria Antonieta a sua modista — "é aquilo que tivemos tempo de esquecer".

DEUS É UMA PESSOA

Será preciso que os "teólogos sérios" renunciem algum dia à sua divindade imanente e surda, que fazem falar de tempos a tempos como o ventríloquo ao seu boneco. Deus é uma Pessoa. Eu escrevi em *Deus existe:* "A evidência feita Presença e a evidência feita Pessoa daquele que um momento antes eu teria negado, chamado pelos cristãos 'Pai nosso'"; e hoje acrescentaria isto, que talvez pareça absurdo aos olhos dos lógicos, mas que os corações amantes — que veem mais claro com a sua cegueira perspicaz do que a lógica com o seu olho

---

3 David de Dinant ensinou na Universidade de Paris no primeiro decênio do século XIII; pouco se sabe sobre a sua vida ou a sua obra, exceto o que foi transmitido por Santo Alberto Magno e São Tomás de Aquino: que todas as coisas materiais teriam uma mesma substância comum — a "matéria prima" ou primeira e essa substância seria Deus.

de vidro — compreenderão sem dificuldade: não só Deus é uma Pessoa, mas, para os que o amam, essa Pessoa tem algo de anterior à sua divindade; não é por ser Deus que ele é adorável; é por ser adorável que é Deus.

"Não era necessário" — diz Jesus aos peregrinos de Emaús, que acabavam de reviver a Paixão sem a compreenderem — "que Cristo padecesse estas coisas e assim entrasse na sua glória?".[4] Ao ler isto, a minha alma desejaria ir a Emaús para lhe dizer antes que ele desaparecesse: "Nisto vos reconhecemos!". Porque em Deus a abnegação precede o poder, a glória vem nele depois do sacrifício, como em nós a palavra "Deus" vem depois da "admiração"; e nós sabemos bem que essa palavra não é suficiente para nomear esse Ser que é efusão pura e dom sem reserva. É quando, no último instante, Jesus na cruz pronuncia o inimaginável: "Meu Deus, meu Deus, por que me abandonaste?",[5] que nós reconhecemos nele mais que nunca a Pessoa Divina, a única capaz de nada reservar para si mesma dos dons que nos faz, de renunciar à sua última parcela de luz eterna para se entregar à noite, e de se anular por amor até esse eclipse da divindade.

Dessa Pessoa dizemos nós que é amor, mas não me pergunteis o que é o amor! Eu escutei atentamente a voz que passa "como a brisa da tarde"[6] através da Bíblia, e essa voz chamava; segui Cristo ao longo do Evangelho, vi que ele perguntava muito, e pareceu-me que cada uma das suas

---

4 Lc 24, 26.
5 Mt 27, 46.
6 Cf. 1Rs 19, 12.

perguntas despertava à sua volta como que um estremecimento de vida; procurei o que poderia ser esse princípio misterioso e irresistível que cria, motiva, rege e salva tudo, e, observando pelo meu próprio exemplo que ele tinha o estranho poder de dar um valor eterno ao que não tem valor, não encontrei senão esta resposta: o amor é o que faz o outro existir.

8

O CASAL FUMET

Lembro-me. Depois de ter verificado a minha transformação com o olho de um médico perante um caso de evolução inesperada, e com a emoção do primogênito que vê o irmãozinho sair da escola com um ar de grande maturidade, Willemin ocupou-se dos trâmites administrativos do acontecimento e levou-me, para ouvir falar de Batismo, Confirmação, Comunhão, a uns amigos cristãos muito instruídos nesses ritos para mim desconhecidos, à volta dos quais se tinha formado uma pequena nebulosa de convertidos: eram Aniouta e Stanislas Fumet.[1]

---

1 Stanislas Fumet (1896–1983), nascido em Lescar nos Pireneus — "à margem da Igreja, se não fora dela" —, fundou aos catorze anos a sua primeira revista político-artística. Editor, ensaísta e poeta no entreguerras, converteu-se ao catolicismo e tomou-se adversário de todos os conformismos do tempo: materialismo, socialismo, comunismo, "vanguardas" literárias etc. Em 1937, fundou a revista *Temps présent,* que dirigiu até ser fechada pelo governo de ocupação dos alemães; criou a seguir em Lyon na França "livre", a revista clandestina *Cahiers du témoignage chretien,* na qual escreveu até ser preso em 1943. Libertado sete meses depois, fez reaparecer a *Temps*

HÁ UM OUTRO MUNDO

Entre o Jardin des Plantes e a Halle aux Vins, numa casa baixa e vulgar que melhor se teria imaginado junto de uma estrada do interior do que em Paris, subimos umas escadas que não convidavam muito a descer depois, e uma porta pintada de castanho se abriu deixando ver duas afetuosas figuras de presépio à espera do Natal num apartamento com divisões desniveladas, a última das quais dava para uma capela privada, coisa bastante invulgar nos arredores do *Quartier Latin*.[2]

Aniouta, rosto bonito, belos cabelos brancos (desde muito jovem) compostos em caracóis sobre as orelhas, toda alma, gostava de ficar inclinada para a frente, de mãos cruzadas sobre o peito, na atitude receptiva das Anunciações de Fra Angélico. Era uma fada desterrada, privada da sua varinha, mas que tinha conservado o gosto de transformar as abóboras em carruagens, não sendo as abóboras, nos primórdios, mais que antigas carruagens transformadas em hortaliças, em consequência de algum fracasso espiritual. O mundo estava cheio de prisioneiros a serem libertados da fealdade da nossa condição de caídos e restaurados na beleza sobrenatural, que era aliás o seu natural anterior.

Ela ouvia de olhos fechados, para descansar a vista ou para recordar a fórmula que nos iria transformar em príncipes encantados. Tinha o condão de tornar menos pesado tudo o que a rodeava; assim que nos sentávamos junto dela, perdíamos três quartos do peso de matéria-prima,

présent, na qual colaboravam os grandes intelectuais da época: Maritain, Mauriac, Claudel... Depois da Segunda Guerra, tornou-se uma das principais figuras dos meios intelectuais e políticos.

2 Bairro de Paris onde, desde a Idade Média, se situava a universidade e, em consequência, muitas residências universitárias, pensões etc.

e o resto era uma simples questão de evaporação. Mas as suas origens feiticeiras nunca eram tão manifestas como quando regressava de uma hipotética cozinha como que caminhando sobre um fio invisível, puxada por um prato de *zakuski*[3] cuja gravidade ela conseguisse utilizar no sentido horizontal. Para não me subtrair aos seus encantamentos, pedi-lhe um dia que fosse a minha madrinha; aceitou e eu fiquei radiante. Admirava nela, em grau extremo, a arte da parábola, que é a arte de estabelecer relações entre coisas que não têm nenhuma ligação entre si.

Stanislas, pastor dos Pireneus vestido de veludo, barbudo e jovial, abrigava, sob uma coroa circular de cabelos com nervuras pretas, um nariz indagador que se adivinhava dos mais difíceis de disfarçar, e dois olhos verde-mar cuja íris parecia subir do fundo de um lago, como as ninfas de Claude Monet. O seu gênio intrépido e folgazão misturava o tempo com o infinito e com a liberalidade de um soldado destacado para a cozinha que está para sair de licença — servia-nos profusamente essa mistura — acompanhada de uns bons copázios de vinho e uma palmada nas costas. O mundo, a vida, os homens, o Céu, tudo isso não formava senão uma enorme festa popular, onde havia montes de pipas para esvaziar, barracas cheias de hércules e de mulheres-bala, falsos motos-perpétuos, fantoches com cabeça de pau, malvavisco católico e, em todos os cantos, punhados de estrelas aglutinadas como barbas brancas. Não era fácil vê-lo cansar-se do espetáculo, e até nós mesmos, bem como ele próprio, lhe parecíamos uma dessas

---

3 Prato russo.

brincadeiras que só a Providência sabe fazer em abundância e sem olhar a requintes jocosos.

Era a cordialidade em pessoa, e recebia-nos como um presente, com toda a espécie de provas de satisfação. Para ele, éramos sempre novos, a ponto de não reter de nós nenhuma lembrança e de esquecer o nosso nome de um dia para o outro; eu não me teria admirado de o ver procurar o seu próprio nome na lista telefônica. Era um poço sem fundo de anedotas, pondo em cena personagens cuja identidade já não recordava, que tinham feito não sabia onde nem o quê de extremamente divertido. Quem não se ria com a história, ria-se com ele, que se divertia com as suas falhas de memória com a mesma satisfação do golfinho no seu mundo de água.

E não deixava de escrever belos livros, repletos de vigor e de inteligência, embora sempre aparecesse um novo pensador da moda para desviar as atenções dos católicos, já então inclinados a procurar a verdade por toda a parte menos neles próprios. Coisa que a sua humildade e o seu desprendimento aceitavam sem qualquer amargura, muito pelo contrário. Não se escreve para Deus, para os outros ou para si? Ele escrevia para Deus.

E ainda escreve! Não uso o passado, compreende-se, senão para tentar reviver o encanto desse tempo que não foi perdido.

O MINUTO DOS "PEREGRINOS DE EMAÚS"

A minha história não os espantou excessivamente. Estavam rodeados de uma pequena multidão de convertidos jovens, moças e moços, bastantes deles judeus, que eram todos peregrinos de Emaús; quero dizer que para eles, como para mim, o cristianismo não era uma ideia, nem um sistema, nem uma moral, mas uma Pessoa. Alguém oferece flores a uma ideia, exprime o seu carinho a uma moral ou enfeita a casa com um sistema em gesso pintado? Todos, quer a sua evolução tivesse sido lenta, rápida ou circunspecta, tinham passado por esse momento decisivo, racionalmente irredutível, em que a conjectura se faz Presença, em que o pensamento que errava no ser encontra um Ser, e em que aquele que procurava alguma coisa encontra Alguém.

É o minuto dos "peregrinos de Emaús". Saindo quase desesperados de Jerusalém, depois da paixão de Cristo, relembram na viagem os dias que acabavam de viver, e nem a história que eles mesmos tinham vivido, nem a pregação que tinham ouvido, nem as Escrituras que lhes iam ser explicadas lhes abrem os olhos:

No mesmo dia, iam dois deles a caminho de uma aldeia que dista de Jerusalém sessenta estádios, de nome *Emaús, e* falavam *entre si de todos esses acontecimentos.* Enquanto iam conversando *e* discutindo, *o* próprio *Jesus* aproximou-se deles e os acompanhou, *mas* os olhos deles estavam *impedidos* de o reconhecer. E disse-lhes:

— Que conversas são essas que tendes entre vós enquanto caminhais?

Eles pararam tristes. Tomando a palavra, um deles, chamado Cléofas, disse-lhe:

— És tu o único forasteiro em Jerusalém que ignora o que nela sucedeu nestes dias?

Disse-lhes ele:

— Que foi?

Responderam-lhe eles:

— O que aconteceu com Jesus Nazareno, varão profeta, poderoso em obras e palavras diante de Deus *e* de todo o povo; como os príncipes dos sacerdotes e os nossos magistrados o entregaram para ser condenado à morte e crucificado! Nós esperávamos que fosse ele quem resgatasse Israel, mas já lá vão três dias desde que estas coisas se deram! É verdade que algumas mulheres das nossas nos assustaram, porque, tendo ido de manhã ao sepulcro, não encontraram o seu corpo, e vieram dizer que tinham tido uma aparição de anjos que lhes disseram que ele vivia. Alguns dos nossos foram ao sepulcro e acharam as coisas como as mulheres tinham dito, mas a ele não o viram!

E ele disse-lhes:

— Ó homens sem inteligência e tardos de coração para crer o que os Profetas anunciaram! Então não era preciso que o Messias padecesse essas coisas para entrar na sua glória?

E, começando por Moisés e por todos os Profetas, pôs-se a explicar-lhes tudo quanto a ele se referia em todas as Escrituras.

E aproximaram-se da aldeia para onde se dirigiam, e ele fez menção de seguir adiante. Eles, porém, retiveram-no com força, dizendo:

— Fica conosco, pois é tarde e o dia já declina!

E ele entrou para ficar com eles. E sucedeu que, quando estava com eles à mesa, pegou o pão, abençoou-o, partiu-o e o deu a eles. Nisso, abriram-se-lhes os olhos e eles o reconheceram, e ele desapareceu da sua presença.[4]

Como em todas as conversões, mesmo que seja psicologicamente difícil de isolar, se verifica esse instante da "fração do pão" em que, o pensamento se torna alma e a verdade rosto, a minha aventura era para Stanislas e Aniouta um caso entre muitos outros, dos quais a rigor só se distinguia pela instantaneidade e pela violência. Mas todos nós tínhamos

---

4 Lc 24, 13–31.

descoberto uma Pessoa e, como não havia "teólogos sérios" entre nós, só falávamos dela. Qualquer outra conversa nos teria parecido vã e enfadonha.

REMINISCÊNCIAS

Às quintas-feiras, aparecia lá um estranho eclesiástico, gordo e astuto, com agilidades silenciosas de gato, e que não sabíamos se tinha entrado pela porta ou pela janela. Dotado de um discernimento invulgar, distribuía a cada um, embrulhado em humor, um pequeno ramalhete espiritual apropriado ao seu estado de ânimo, feito geralmente de espinhos, cardos e palha de aço. Ninguém sabia tão bem como ele desalojar de um só golpe esse "eu" renitente que julgávamos dissolvido pela graça, quando na realidade só espera a sua hora num recanto da nossa pessoa. Terceiro ou quarto coadjutor que ninguém pensaria em promover a pároco, desempenhava funções secundárias numa paróquia suburbana superpovoada, onde os seus pequenos carismas passavam completamente despercebidos. A Igreja tem de comum com o exército que os talentos não a impressionam.

No verão, íamos em grupo a La Salette, peregrinação de grande altitude, relativamente pouco concorrida. A subida até esse ermo invulgar, em ônibus especiais de eixo estreito e bordos salientes, recordava a aviação. A estrada fazia de caminho de montanha e leito de ribeiro. A cada curva, a carcaça do carro brincava com o abismo. O passageiro que tivesse tido a infelicidade de sentar-se do lado ruim, viajava

HÁ UM OUTRO MUNDO

do princípio ao fim "em suspenso" e via vir imensas encostas de pedra que viravam diante dos seus olhos, antes de fugirem debaixo dele, enquanto o ônibus estendia o focinho arfante no vácuo, à procura da montanha seguinte.

Chegados ao céu, descortinava-se, escarranchadas num dorso de lã, uma basílica em pedra negra, uma pousada desconhecida dos guias turísticos e, numa avenida de colunas, três estátuas que recordam os principais momentos da aparição de 1846 — a Virgem chorosa sentada numa rocha, a conversa com os pastores, e a partida luminosa da Senhora —, traduzidos em bronze por um artista arrojado.

Passávamos o dia a orar, a falar da Pessoa que já não tem "teólogos sérios" ao seu serviço, a almoçar hortaliça cozida nas mesas compridas da pousada, a rezar de novo, a ter uma reunião sobre o mesmo tema, e a esperar o ônibus que nos trazia de vez em quando um provinciano da nossa "família". Aniouta "confessava" o clero, Stanislas, estendido sobre a relva, tomava nota do nosso estado de espírito e as suas filhas pequenas brincavam de bambolê com um arco de borracha. Eu passeava com a minha "irmã" Berthe, jovem judia em quem a graça fazia as vezes de natureza, boa e mesmo mais que isso, talvez santa, sensível, nervosa, caída da escada de Jacó num dia de grande vendaval, e que lavava as suas mágoas em lágrimas como outros as lavam no álcool.

Ou com a minha "irmã" Suzanne, a quem chamavam "a minha irmã gêmea" por termos nascido no mesmo dia, e que se entretinha a comunicar-me um pouco da sua familiaridade de grande mística com o divino. Com o seu rosto aventuroso de Minerva mosqueteira, perseguia-me com os seus argumentos como com uma espada, à volta da basílica, para me obrigar a confessar que os dois éramos predestinados, ao que a minha timidez ou estreiteza de vistas opunha toda a espécie de objeções, para não falar da reputação que a palavra "predestinação" ganhou na nossa história religiosa.[5] Mas, para ela, toda a razão para amar ainda mais era uma boa razão, e aquela parecia-lhe excelente. Eu me rendi mansamente quando essa "irmã gêmea" explodiu contra a minha ingratidão; via chegar o momento em que ela ia renegar a nossa afinidade, e preferi ser predestinado a indispor-me com ela.

Tinha a envergadura das fundadoras de Ordens, e no entanto, durante todo o ano, vendia sapatos numa localidade do Isère, ponto de passagem de caminhões. Em Assis, a capela primitiva de São Francisco está enquadrada na volumosa basílica de Santa Maria dos Anjos, e não recebe outra luz além da que passa através das janelas distantes; é uma curiosidade muito visitada. Ao imaginar Suzanne ajoelhada no meio de uma barafunda de botinas e mocassins, parecia-me ter-se dado com ela o fenômeno contrário,

---

5 A "doutrina da predestinação" propriamente dita — no sentido de que Deus predestinaria cada alma, ao criá-la, a condenar-se ou a salvar-se necessariamente, sem que ela mesma pudesse fazer fosse o que fosse a esse respeito — é característica do protestantismo calvinista, que causou as guerras de religião na França dos séculos XVI–XVII. Em si mesma, essa doutrina nega a liberdade humana e é contrária à misericórdia divina. A doutrina católica afirma, pelo contrário, que, embora possa haver predestinação à glória (no sentido de que Deus pode escolher uma criatura e destinar-lhe todas as graças eficazes para que de fato se salve), não existe predestinação à condenação ou reprovação: ninguém se condena a não ser por *culpa própria,* por ter recusado livremente a graça de Deus.

UM JORNALISTA CHEIO DE PROMESSAS

Ousarei afirmá-lo? O mundo interessava-me pouco. No entanto, era preciso viver, e eu continuava a fazer de jornalista. Meu pai, refeito dos seus preconceitos e da breve fúria que lhe provocou a minha conversão (uma maquinação de padres, pensava ele), ofereceu-me uma coluna no seu último jornal. Como eu não queria renunciar a nenhuma das minhas novas convicções nem melindrar as dele, refugiava-me numa metafísica obscura e remetia-lhe diariamente um breve artigo hermético, que ele tinha a condescendência de julgar cheio de promessas; os seus amigos da redação pensavam abertamente que ali, com efeito, não havia nada além de promessas.

Stanislas fora algum tempo corretor de provas, emprego procurado pelos anarquistas (era um pouco o caso dele) que aí podiam dar livre curso à sua paixão pela ortografia, pela ordem e pela tradição; impossibilitados de refazer o mundo, corrigiam-no, intransigentes com uma vírgula, satisfeitos de riscar os "entretanto" para substituí-los por "entre tanto", de sabor clássico. Depois fora nomeado diretor literário de uma editora, e acabavam de oferecer-lhe a direção de um novo semanário que devia suceder, sob o nome de *Temps présent,* ao jornal dos dominicanos *Sept,* suprimido pelos superiores da Ordem por audácias de que já se perdeu a lembrança. Ele aceitou e reuniu à sua volta todos os católicos "avançados" que havia em Paris. Os católicos do *Temps présent* eram cristãos democratas e não ainda democratas cristãos. A exemplo de Bernanos e de Mauriac, iam tomar posição contra Franco na Guerra da Espanha, e fornecer à Resistência, mais tarde, o seu primeiríssimo batalhão, formado por eles muito antes de os partidos tradicionais se terem refeito do seu espanto. Entre os "amigos" do jornal, ter-se-ia podido notar, se fosse conhecido fora do meio militar, a presença de um assinante de grande categoria: De Gaulle, que não devia ser tão maurrassiano como se pretendeu para se sentir tão a gosto na companhia do que a direita apelidava já de "peixes vermelhos na pia de água benta".[6]

Em suma, acontecera-me o que tão ardentemente desejavam os ministros republicanos na iminência de serem derrubados: "Caíra à esquerda".

Politicamente, não me sentia muito deslocado. E ia sentir-me cada vez menos. Ou cada vez mais.

---

6 Charles Maurras (1868–1952), monarquista e antirrepublicano, foi o fundador do partido integrista Action Française, condenado pela Igreja em 1926. Tendo apoiado o Marechal Pétain às vésperas da Segunda Guerra, Maurras foi condenado a prisão perpétua em 1945. Os "peixes vermelhos na pia de água benta" nada tinham a ver, naquele momento, com a teologia da libertação ou outras tentativas de reinterpretar em bases marxistas a doutrina cristã: tratava-se de "católicos sociais", isto é, católicos ortodoxos, não marxistas, preocupados em melhorar também por meios políticos a situação das massas operárias.

9

Converti-me (prefiro dizer "fui convertido") ao cristianismo nesse momento quase imperceptível da história em que os cristãos começavam a converter-se ao mundo, e deixei o meio marxista da minha infância bem a tempo de ouvir religiosos falarem-me de Karl Marx. Os nossos caminhos seguiam em sentido contrário. Cruzamo-nos cortesmente, mas bem vi que eles se admiravam lá com os seus botões de que eu tivesse trocado com tanta facilidade um sistema completamente novo e o seu material científico por crenças de dois mil anos de idade, que eles se preparavam para levar a juízo umas após as outras. Eles não compreendiam que o marxismo é uma religião, e rigorosamente nada mais, e que essa religião já era mais forte do que o que lhes restava da deles.

A CONVERSÃO DOS CRISTÃOS AO MUNDO

Essa conversão dos cristãos ao mundo, que chegou insensivelmente, com uma aparente lentidão semelhante à dos corpos

HÁ UM OUTRO MUNDO

celestes — que mal parecem mover-se no espaço até o momento em que ricocheteiam na atmosfera celeste, revelando e acelerando ainda mais a sua espantosa velocidade é o acontecimento dissimulado mais inquietante do século.

Poderia muito bem crer-se que anunciava sem ruído, sem sobressaltar nenhuma sentinela, uma dessas noites do espírito, um desses silêncios de Deus de que os leitores da Bíblia — quando atentos a observar os intervalos que separam as intervenções divinas aproximadas pela composição do livro — sabem que podem durar vários séculos. Quanto não duravam já a apostasia dos judeus e o seu regresso à idolatria quando, por volta do ano 630 antes de Cristo, o Rei Josias (por ocasião de uma reforma do Templo de Jerusalém, que eu suponho transformado em centro de cultura ou em museu de antiguidades judaicas) recebeu em agradecimento das mãos do Sumo Sacerdote (sem dúvida mantido no seu posto deserto por uma dessas tradições obsoletas que os funcionários conservam muito depois do fim da função) um velho papiro enrolado num canto da prateleira e que era a Lei de Moisés, que ele nunca tinha lido? A Bíblia exprime bem, em poucas palavras, a surpresa de Josias perante essa compilação de preceitos que estava em absoluta contradição com todas as práticas do reino, e perante a inconsciência do Sumo Sacerdote, que não via no texto fundamental da sua religião mais do que um amável presente cultural.

O silêncio estendera-se ao longo de muitos reinados, e é mais de temer nos dias de hoje, em que alguns insensatos se encarniçam contra a Presença Real[1] que, depois da primeira partilha do pão na Quinta-Feira Santa, age sobre a nossa história e a modifica numa medida impossível de determinar. A ignorância em que vivemos acerca do que devemos à Eucaristia, que de modo algum foi dada inutilmente a tantos homens sob tantos céus, deveria manter todos os espíritos em suspenso diante dela; mas pesadas garras se abateram sobre essa humilde Carne tomada da flor das colheitas, e quem sabe o que será da nossa história quando a última hóstia deixar de viver sob o pulso dos mais desembaraçados estranguladores de sacramentos, cuja tacanha arrogância a Igreja teve de suportar como nunca no passado? Trocaremos o miraculoso óbolo divino, que contém em si o próprio objeto da nossa fé, o fim para o qual se dirigem as nossas esperanças e o princípio de toda a caridade, pela moeda falsa das ideologias mentirosas, que se elevam como castelos de fumo sobre as ruínas do pensamento cristão?

AS TRÊS REALIDADES DOS CRISTÃOS

Mas no tempo de que falo, um pouco antes da Segunda Guerra Mundial, os cristãos viviam ainda num mundo transparente. Foi uma das primeiras coisas que me extasiaram neles. O mundo que, para o comum dos incrédulos, era uma prisão, por mais distantes que estivessem os seus muros, não o era para eles; eles dispunham de três realidades em vez de uma.

---

1 De Cristo na Eucaristia.

HÁ UM OUTRO MUNDO

Uma invisível: preparavam-se para singrar rumo a ela nas suas igrejas, fiando pacificamente sobre o infinito a maroma corrediça do seu terço; e navegavam com o Céu ao alcance da mão, esse Céu que por vezes se abaixava a tal ponto que tinham de se pôr de joelhos e inclinar a cabeça para o encontrarem sobre a palha de um presépio.

A outra realidade, visível, era evidentemente a mesma dos descrentes, mas não a viviam do mesmo modo. O seu caráter transitório incutia-lhes desconfiança a respeito dela. O planeta fora-lhes entregue a título precário, podiam perdê-lo de um instante para outro, e não se apegavam a ele sem apreensão e remorsos, esforçando-se por deslizar entre a tentação e o pecado, na angústia do passo em falso, mortal, que os retiraria da circulação da graça. Eram aconselhados a usar o menos possível dos bens da Terra, embora a discrição dos seus gastos levasse menos à ascese do que à avareza. A atitude dos homens em relação às mulheres era reveladora desse velho fundo jansenista que caracteriza a índole espiritual francesa e que reaparece até nos anátemas lançados hoje pela extrema esquerda contra a sociedade de consumo. A consideração das belezas femininas dava-lhes o sentimento de se terem aproximado fraudulentamente da orla do paraíso terreno; dirigiam para elas, sem um movimento de cabeça, olhares fugidios de uma cupidez que não lhes abria a fisionomia; foi sem dúvida isso que deu a Picasso a ideia de colocar nos seus personagens os dois olhos do mesmo lado do nariz. Só havia um pecado: o da carne, ponto de vista consolidado por numerosos padres que, não podendo castrar os maridos, rodeavam a mulher de todas as chamas do inferno. A pobre tostava em silêncio, e o marido ia apagar-se fora.

Mas talvez a mais extraordinária das realidades oferecidas aos cristãos fosse a terceira. Era a liturgia, gênero de realidade intermédia entre o sensível e o invisível, que inseria entre este mundo e o outro o vitral, ou a tela, ou enfim o véu do templo, sobre o qual, de estação em estação, os raios de um luzeiro misterioso projetavam as imagens do Natal, da Páscoa, do Pentecostes, da Assunção...

A religião deles — antes de terem enfiado imprudentemente a cabeça na tubulação do que Tennyson chamava com lúgubre entusiasmo "a espiral sonora da mudança" — era a das alegres renovações, pelo Batismo, pela Confissão, pela Eucaristia, a rotação lenta das festas do Espírito que faziam passar sobre eles a luz da primeira manhã. Era-lhes conferido o poder de renascerem incessantemente pela repetição dos sacramentos. E a tantos favores acrescentava-se uma dimensão suplementar.

Pois eles não iam à missa para seguir a evocação de um mito ou a reconstituição simbólica de um acontecimento de tempos antigos. É verdade que os seus padres, na consagração, usavam o pretérito: "Na véspera da sua paixão, tomou o pão nas suas mãos santas e veneráveis, abençoou-o, partiu-o e deu-o aos seus discípulos, dizendo: 'Isto é o meu corpo'". Mas em Deus não há pretérito; assim como ele é o único a poder dizer absolutamente: "Eu sou", do mesmo modo é o único a viver um presente que não seja um futuro a caminho de transformar-se num passado. Não podemos pensá-lo eterno e ao mesmo tempo sujeito à sucessão dos tempos. Que significam as profecias do Antigo Testamento senão que o que há de ser já é, como o que foi para nós está nele sob uma forma incompreensível? Também os cristãos não assistiam a uma repetição da Ceia e da Paixão de Cristo, reconstituídas no altar; participavam da própria Ceia e Paixão, tal como elas subsistem em Deus. Era com a própria realidade do Evangelho que eles comungavam pela fé e pela hóstia, como através de um vidro opaco que, um dia, se faria transparente para deixar ver o Cordeiro.

A FÉ QUE EU INVEJAVA

Diziam-me às vezes que invejavam a minha sorte; e eu, o que invejava era a fé dos cristãos. Pois, no que diz respeito à existência de Deus, não se podia dizer verdadeiramente que eu tivesse fé; tinha a graça de ter certezas em forma de evidências que não deixavam lugar a dúvidas nem hesitações. Ora, o Evangelho que eu acabava de ler pela primeira vez mostrava claramente que Cristo não punha nada acima dessa virtude, que devia levantar montanhas e não levantava senão objeções. A fé era desejável, já que ele a admirava: "Nunca vi fé tão grande em Israel", disse depois de ouvir o oficial romano declarar-se com simplicidade indigno de o receber em sua casa, mas seguro de que uma só palavra dele bastaria para lhe curar o criado.[2] A fé era boa, uma vez que alcançava o conhecimento de Deus como Ele se conhece a Si mesmo,

---

2 Cf. Mt 8, 5–13.

mais segura nisso do que o conhecimento místico em si, que pode sempre levar à mistura um pouco de nós mesmos. Era bela, quando vista como uma irrevogável troca de promessas, no sentido exato em que dois seres que se amam "dão fé" um ao outro. Era generosa, como um ato de caridade sem esperança, na medida em que estava isenta de toda a emoção, de todo o prazer, de toda a consolação. Era divina, pois que era dom de si e falava assim a mesma linguagem de Deus, que, julgo eu, não conhece outra; o cristão negava-se às suas próprias tendências e às suas indecisões para ir à presença de Deus, que se negava de alguma maneira a si mesmo para se tornar acessível; e o encontro dessas duas negações fazia a afirmação cristã.

A fé tinha tudo em seu favor. Eu dizia aos cristãos de berço que eles eram muito felizes por a terem recebido, mas eles estavam menos seguros do que eu da sua felicidade.

Convém dizer que o processo original da fé levantava a mais de um uma dificuldade inicial que a razão não os ajudava a vencer: com efeito, a fé exige que se ame para se conhecer, enquanto muitos pretendem conhecer antes de amar, embora façam o contrário quando se enamoram.

UMA PRESSÃO DESTRUIDORA

Quanto ao mais, os cristãos estavam cada vez menos seguros fosse do que fosse. A sociedade industrial exercia já sobre eles a sua tremenda pressão, destruidora de toda a vida interior. Atraía-os para a periferia da sua pessoa pela tentação e pelo barulho, pela múltipla miragem das formas e das cores; desgastava-os em correrias extenuantes atrás de seduções instáveis; minava a sua resistência moral e nervosa pelo amontoamento, pelo ritmo de vida, pelo estresse e pelo tédio. Empilhava-os em gaiolas sonoras por um módico aluguel, manchava-lhes o céu com fumos e lisonjeava-lhes os sentidos só para melhor embotar a sua sensibilidade profunda, que já mal reagia, e cada vez mais debilmente, a não ser diante de cem mil mortos ou de uma ameaça de desmoronamento do sistema solar. A imprensa engrossava de dia para dia as suas manchetes, sem resultado (na luta-livre, a cotovelada na gengiva chama-se "manchette" em francês; nos jornais, também). O cristão tinha as gengivas em sangue. Depressa viria o dia em que não lhe restariam, para tratar os seus males e angústias, mais que a aspirina e o MRP.[3]

---

3 Mouvement Républicain Populaire [Movimento Republicano Popular], partido político criado em 1944 para reagrupar os democrata-cristãos, e que perdeu força na década de sessenta.

10

Eu confidenciava os meus problemas espirituais à minha madrinha, o que era tanto mais laborioso e complicado quanto é verdade que não tinha problemas. Eu ia de vento em popa. Poder-se-ia dizer que passava na igreja "o meu tempo mais claro": tinha a limpidez da água. Os minutos não se sucediam, mas vinham todos juntos e dissociavam a sua duração no esplendor de uma incrível serenidade, silenciosamente apanhada em pleno voo. Como pôde Descartes recear aborrecer-se no Céu? Esse grande matemático deve ter imaginado o Céu como uma soma de séculos, e a felicidade como uma interminável deglutição de saciedade, num infinito que devesse durar sempre, e sempre igual a si mesmo.

Ele não sabia que, ainda que tivéssemos de contar a eternidade à maneira do tempo e medi-la com ele, mesmo então não teríamos que recear a habituação. Ainda que passássemos um milhão de séculos na presença de Deus, sempre o veríamos pela primeira vez. Deus é um especialista do primeiro instante, esse cujo sabor e emoção são irrepetíveis na vida terrena.

A SAGRADA ESCRITURA

A Bíblia atraiu-me e eu me meti nela com as disposições que creio convenientes, com temor e redobrada atenção, como alguém se aproximaria, se soubesse da sua localização, da sarça ardente de Moisés: a passo prudente, aberta a boca, esperando o crepitar da primeira fagulha sobre a confusão dos sinais tipográficos!

Quando se abre a Bíblia, é preciso tomar partido. Se se pensa que ela é toda fruto da mão do homem, não há inconveniente em tratá-la como qualquer outro livro histórico, e em avançar para a sarça com o extintor e a mangueira do biblista contemporâneo. Se, pelo contrário, se acredita que o seu autor é o Espírito de Deus, tudo muda: como não há distinção a fazer entre o que Deus diz e o que ele é, como é da sua natureza comunicar-se por meio da sua mensagem e incluir-se na sua palavra, a Escritura é uma versão da Eucaristia: não se lê, come-se, e o que as palavras — essas colheres de realidades — nos servem, não são ideias, é maná.

Partindo daí, não se trata já de saber se o Livro de Gênesis, por exemplo, é "um relato popular da Criação" que utiliza os dados de "uma ciência ainda na infância", como quer a crítica atual. Não é uma história natural, mas a história do reflexo de Deus na sua Criação (onde muitos se esforçam por tirar a Deus a satisfação de poder reconhecer-se nela); é a história da verdade narrada pela própria Verdade, e a questão já não é: "Que quer dizer isto?", mas sim: "Que *me* quer dizer isto?". As imagens que o texto emprega já não são o modo de expressão deficiente de uma mentalidade primitiva; são os invólucros coloridos da substância imaterial que me vai nutrir e que vou absorver com a vista até que se transformem em luz assimilável.

Não há mais motivo para substituir a linguagem da Bíblia por outra do que haveria para substituir as espécies do pão e do vinho por um cartão de comunhão perfurado. Tem ainda esta vantagem sobre as proposições abstratas: que se pode desenvolver o seu conteúdo em várias direções ao mesmo tempo. Quando no versículo 3 do Gênesis Deus diz: "Faça-se a luz!", pode-se entender, se houver gosto pelas ciências naturais: "Que haja fótons! Que haja ondas corpusculares!", mesmo que os aparelhos de iluminação, o sol e a lua, só cheguem no versículo 14; mas se não se esqueceu que o amor divino é causa de tudo, também se pode entender: "Que o mundo seja inteligível! Que as coisas difundam uma imagem de si mesmas e digam o que são, para que se possa compreendê-las e amá-las!".

Quando não há medo de crer — um impedimento mais espalhado do que se pensa —, quando se tem bem fixa no espírito a verdade de que, em todas as circunstâncias em que Deus está em causa, a hipótese da generosidade absoluta é a única a ter em conta, então eleva-se de todos os versículos do livro o responsório não escrito de um amor excluído da sua própria Criação, que "não encontra uma pedra onde repousar a cabeça",[1] e que no dia da sua encarnação será obrigado ao nascimento recalcado dos "sem-teto" ou da pessoa despejada. Através do Antigo Testamento, eu procurava, como

---

1 Cf. Mt 8, 20.

que para os abraçar, os que tinham ouvido esse gemido e se haviam aberto pelo menos uma vez a essa ternura exilada.

Nenhum me pareceu mais amável nem mais amado do que Davi, com a sua cabeleira de estrelas e com algo de alado nos pés. Não eram as suas façanhas güerreiras que me atraíam; nem todas tinham o valor da sua vitória sobre Golias, gigante de cabeça mole, personificação ostensiva e quase lamentável de todas as idolatrias da força, espantalho espantado por não meter medo com a simples apresentação do seu tamanho, e que deve ter morrido de pasmo ainda antes de ser atingido pela pedra que vinha contra ele com a insolência de uma cuspidela. Admirava Davi por ter sido o pastor que deixa o seu rebanho, ou o rei que sai inesperadamente da sua residência para ir, de noite, cantar canções de amor a um Ser que nunca vira, ágil diante da Arca, com os jarretes e a harpa prontos para a dança. Existiria mais algum exemplo dessa alegre harmonia dançante do incriado e do criado, já alguma vez se teria ouvido essa nota que se eleva em todas as linhas dos Salmos e não volta só?

De tal maneira me era saborosa a Bíblia — o que não é muito frequente na primeira leitura — que, sob as formas imperativas: "Amarás o Senhor teu Deus", "amarás o teu próximo como a ti mesmo", os mandamentos me pareciam menos ordens do que agradáveis prognósticos.

"COMO SOUBE QUE SE TRATAVA DE DEUS?"

Também a oração me era agradável. Por acaso não acabava de aprender que, na economia divina, tudo é dom, e que nessa ordem anormal das coisas o melhor meio de dar é pôr-se em estado de receber, e que neste sentido rezar é escutar a Deus? Desde o dia 8 de julho,[2] eu estava na maior felicidade e, mesmo que tudo devesse acabar aí — sem outro mundo nem vida eterna para mim —, ficaria ainda mais que feliz, ao partir, por saber que havia essa pura Beleza na origem de tudo. Se me tivessem pedido uma definição de cristão, teria dito, dirigindo-me àquele por quem passavam todos os meus pensamentos: "O cristão é o homem que se alegra infinitamente de não ser Deus, porque vós o sois".

"Mas" — perguntaram-me — "como soube que se tratava de Deus?". É o que em assembleias parlamentares se chama "questão prévia", capaz de tornar o debate inútil, ilegal ou impossível. Tem então necessidade de um cartaz a Identidade pura, para se dar a conhecer à sua própria imagem que existe em nós? Como hesitar em dar um nome àquele que nos visita, quando todo o nosso ser, alma e corpo, manifestam que só o esperavam a ele desde o princípio do mundo? Há outra pessoa que possa ser assim identificada sem nunca ter sido vista? Além do mais, porventura somos nós que lhe damos um nome, ou não é ele que o dá a si mesmo em nós?

De qualquer maneira, não há resposta para o filósofo que exclui *a priori* a possibilidade de uma resposta. Dir-vos-á que o mundo é incognoscível, que só podeis conhecer os vossos pensamentos — o que é o mesmo que dizer que nada —, e irá encerrar-se no gabinete dos espelhos onde vive há duzentos anos; recenseará aí as suas próprias imagens, que o mundo de

---

2 O dia da conversão do autor, em 1935.

espelhos que o rodeia lhe fornece em número infinito, todo contente se consegue contar um reflexo mais do que os seus predecessores: a filosofia rompeu com o real para não o ouvir falar de Deus.[3]

É impossível enganar-se: não há outra presença que brilhe assim em todos os seres, que reconhecem nela a sua causa e nela se reintegram com a felicidade do peixe libertado do anzol que mergulha de novo na transparência do seu elemento.

UMA VAGA NUM CORO DE ANJOS

A explosão de julho tinha-me literalmente vitrificado, como acontece com esses subterrâneos que têm paredes de vidro por ação de uma bomba atômica, e o efeito de sucção que se lhe seguiu fizera passar o mundo exterior ao estado de vapor colorido. O infinito parecia-me ser o elemento natural da alma, e o fato de as coisas serem limitadas parecia-me um mistério indecifrável e quase irritante. Da mesma forma, a eternidade era um modo de existir perfeitamente natural, mas não o tempo, pois eu desconfiava que perdíamos muito desse tempo a girar com a história à roda de Deus, ao invés de nos fixarmos de uma vez diante dele! Não compreendia que o tempo e o limite são bens preciosos, pois nos permitem compor e recriar na nossa ordem, pelo milagre da proporção, uma harmonia reduzida, à imagem da suprema perfeição.

---

3 O autor refere-se à chamada "filosofia moderna" ou "idealista" que, a partir de Descartes e através de Spinoza, Kant, Fichte, Schelling, Hegel, Maix, Nietzsche etc., perdeu de vista a realidade, opondo-se à filosofia do ser de São Tomás de Aquino, recomendada pela Igreja.

Para dizer a verdade, por transbordante que me sentisse, e talvez por essa mesma razão, eu não estava totalmente satisfeito de ser um homem. Teria preferido ser um anjo: nenhuma condição me parecia mais invejável nem mais adaptada ao meu estado de espírito. Durante tanto tempo à espreita do feminino e tão pronto a vibrar à sua passagem, eu ignorava agora os tormentos da minha idade; é preciso dizer que me mantinha vigilante e que estava muito longe de dialogar por pouco que fosse com a tentação, que não pede mais do que isso para se enraizar na imaginação e se desenvolver com a tenacidade do capim. Resumindo, eu não olhava para as mulheres, menos ainda para as moças e, se acontecia passar uma dentro do meu campo visual, puxava mentalmente o meu capuz; afastava com êxito os assaltos esporádicos da sensualidade; literalmente, não dava à tentação tempo de ganhar corpo.

A natureza não me seduzia. Era bela, sem dúvida; mas menos que Deus, apesar de tudo. Ao pé dele, parecia-me que se assemelhava à ilusão, mas com a diferença de que, sendo obra sua, essa ilusão não enganava, mas mais nada; não era suficiente para me prender. Qual o prazer de me deter neste planeta repleto de limitações, que não me oferecia mais apoio que um reflexo na água? Não estava eu destinado a voar? O que me faltava encontrar era uma vaga num coro de anjos.

CARTUXO? TRAPISTA?

Ora, na Terra não há senão uma categoria de anjos: os contemplativos; entre eles, para os homens, os trapistas e os cartuxos. Quais eram os mais desapegados da Terra, os menos sujeitos ao espaço e ao tempo, os mais preparados para a partida e para o adejar contemplativo? Os cartuxos, a meu ver. Privavam-se a bem dizer de tudo o que se pode deixar sem deixar também a vida, e encontravam-se, nos seus minúsculos calabouços conventuais, livres como o vento, com a simples condição de se assemelharem a ele. Pelo menos, era assim que eu imaginava candidamente as coisas. Não me via talhado para ser padre; a função trazia consigo uma carga muito pesada de responsabilidades temporais, sem falar da missa e dessa espécie de familiaridade manual com o divino que me atemorizava um pouco. Mas religioso, teria desejado sê-lo de todo o coração e, se fosse possível, cartuxo.

Infelizmente, não havia cartuxos em atividade na França desde a separação entre Igreja e Estado. Pelo menos, era o que eu julgava saber. Os monges inspiravam um verdadeiro terror sagrado à gente da Terceira República[4] que — aliás por culpa de Chateaubriand e de uma alegação errônea do *Génie du Christianisme*[5] — os imaginava cavando a sua sepultura todas as manhãs e trocando em cada encontro nos seus lúgubres corredores um sonoro: "Irmão, é preciso morrer", capaz de pôr qualquer um com um pé na cova. Os seus votos eram outras tantas traições: o voto de obediência traía a liberdade; o voto de castidade traía a espécie; e o de pobreza,

---

4 Chamou-se "Terceira República" o período de governo liberal-democrático que vai de 1870 — data da queda do Imperador Napoleão III — até 1939. O atual sistema de governo é denominado "Quarta República".
5 Principal obra apologética de François-René de Chateaubriand (1768–1848), muito popular no século XIX.

a totalidade dos programas eleitorais. De todos os religiosos e religiosas, os mais detestados eram os contemplativos; no conceito geral, eles não serviam para nada, salvo em Lisieux.[6] Assim, tinham expulsado da França todos os monges dessa espécie, exceto os trapistas, cuja feição agricultora e influência rural deve ter sustado o braço secular. Portanto, fui à trapa de Cister, mãe da Ordem, não para ficar lá, mas para respirar o odor da vida contemplativa.

Não longe de Dijon, ao fundo de uma bela avenida, Cister faria lembrar uma grande herdade — uma fazenda para famílias numerosas — se da confluência das suas construções não emergisse, quando se chega a uma certa distância, a massa quadrangular de um corpo central de desenho solene, com grandes vãos emoldurados de pedra, construído no tempo de Luís XIV e a que faltam ainda as alas laterais. A capela e a pousada precedem a abadia, uma de cada lado de um pátio que não é nem mais alegre nem menos do que um jardim municipal. À entrada, vendiam-se mel e grossos discos de queijo curado.

Fui recebido com tiros de canhão. Refiro-me ao chiar e ao bater dos portões de ferro do claustro, sobre os quais se podiam ler em letras brilhantes, de um lado: *"O beata solitudo"*,[7] e do outro: *"O sola beatitudo"*,[8] breve hino à bem-aventurada solidão e que devia referir-se mais à situação do mosteiro do que aos monges, pois estes não conheciam o isolamento nem sequer durante a noite, que passavam em grande parte na capela

---

6 Onde viveu e morreu como carmelita Santa Teresa do Menino Jesus.
7 "Ó solidão feliz".
8 "Ó felicidade única".

e o resto no dormitório, em celas de pano que os separavam menos do que os embalavam para um breve sono.

O dia de trabalho manual não era muito longo, e o rendimento calculado de modo que a trapa não se tornasse uma exploração agrícola: favorecida pela gratuidade da mão de obra, teria conquistado o mercado se não tivesse voluntariamente limitado os seus rendimentos. De acordo com a Regra, tudo se fazia em silêncio, como se o sentimento do dever comum agisse por si mesmo sem serem necessárias ordens ou vigilância. Quanto ao: "Irmão, é preciso morrer", nunca vi os monges trocarem entre eles senão sorrisos ou, com a mão, pequenos sinais telegráficos que indicavam urgência.

A abadia era então dominada, mais do que governada, por um antigo oficial de cavalaria com porte de cavaleiro templário, convertido numa noite de terça-feira de carnaval, no Moulin-Rouge, por ter recebido na cara, lançado pela mão diminuta de uma dançarina, um punhado de confete com estas palavras: "Lembra-te de que és pó!". Tinha uma espiritualidade sedutora e suavemente exigente, o que fazia o seu jovem e comunicativo prior dizer: "Não são os santos que deveriam ser canonizados, mas os que vivem com eles!". Na capela, leve e clara, os ofícios eram admiráveis pela sua serena harmonia. Os monges saudavam-se com uma finura chinesa e passavam uns aos outros os objetos de culto com a delicadeza das pombas, enquanto o gregoriano desdobrava as suas vogais sobre as fortes vagas amansadas do cantochão. Quanto mais bela é uma música, mais cria espaço, e aquela ia abrir portas para além das estrelas.

Não me cansava de ouvir essa música, mas só aí me sentia bem. Mal saía da capela, era assaltado por uma melancolia sufocante que desde a infância me invade sempre em campo raso, logo que vejo um instrumento de lavoura, sob um sol que nos mergulha silenciosamente na terra pegajosa, no meio do lento e pesado trabalho da natureza e dos homens.

Foram precisas poucas horas para eu compreender que não fora feito para a vida contemplativa na versão agrícola, e regressei a Paris tolamente convencido de que havia decididamente entre mim e a Terra uma incompatibilidade a vencer, ou a desfazer, na solidão cartuxa. Dizia-o a Deus, que nessas ocasiões se mostrava estranhamente distante, e à minha madrinha, que fazia pressão para que renunciasse a esse sonho e me fizesse dominicano. Mas a ideia não me encantava. Os dominicanos eram grandes intelectuais, os normalistas da Igreja,[9] uma companhia agradável, supondo que eu tivesse as qualidades requeridas para fazer parte dela, do que eu tinha fortes dúvidas; mas, enfim, não eram anjos, à primeira vista ao menos. Parecia-me terem abandonado o mundo só para melhor voltarem a ele, e — repito-o com uma confusão crescente — o mundo não me interessava. Na serenidade permanente da minha oração, julgava aliás ter saído muito dele.

Fui-lhe restituído *manu militari.*[10]

---

9 No sistema de ensino francês anterior à Segunda Guerra, a *Ècole Normale Supérieure* era uma instituição de formação de elite.

10 "Por mão militar", expressão romana antiga para indicar a intervenção do exército.

11

NA MARINHA

Os anjos já não eram excessivamente procurados na imprensa, como também não na Marinha, em que entrei, sem estar nem alistado nem inscrito como marinheiro, graças às sábias diligências de um amigo de meu pai. Tinha de ser marinheiro. Depois de tudo o que ouvira dizer da miséria do soldado de infantaria e da lama das trincheiras, preferia morrer na água.

Quando transpus o portão do segundo depósito de fardamento da Armada, a 1º de setembro de 1936, nem sonhava que a Providência me enviava para o serviço militar por um período de quase dez anos, seis dos quais passaria na Marinha e o resto no exército secreto ou na prisão. Era fazer-me entrar nas fileiras, onde as palavras já não têm sentido.

Jogaram-me nos braços algo com que me vestir de azul, mais umas peças de reserva a serem guardadas num saco redondo que, por ocasião das revistas, tinha que apresentar a forma quadrada. Depois de uma hora de esforços para resolver essa quadratura, o meu saco oferecia o aspecto de um salsichão retorcido pelas cólicas. Esse miserável resultado, que foi atribuído a desinteresse, acrescentado à minha qualidade suspeita de filho de ministro e a um certo franzir inoportuno do rosto que dá aos meus sorrisos benévolos o ar de intoleráveis insultos, fez-me passar por começos difíceis numa instituição afetada que não tinha demasiada simpatia pelos recrutas que ela própria não escolhera. Sentia-me muito infeliz por não ser compreendido e por ser de "terceira classe".

Entretanto, não sabendo em que me ocuparem, uma vez que um jornalista como tal não serve para um departamento da *Grande Muette*,[1] submeteram-me a um rápido exame de ortografia e datilografia e, como eu escrevia à máquina com três dedos, ou seja, com um a mais do que a média dos datilógrafos masculinos, tomei-me escriturário. Isso elevou-me à "segunda classe", confinando-me às secretarias. Ao fim de seis meses, não vira barco nenhum, a não ser aos domingos, no ancoradouro; depois fui transferido para Paris e despejado em não sei que serviço do Ministério da Marinha. Seja como for, encerei muitos assoalhos.

UM GÊNERO DE VIDA EXTRAVAGANTE

A minha vida continuava a ser a de um monge no mundo. De manhã, ia à primeira missa da Madeleine. No ministério,

---

1 A sede das Forças Armadas; literalmente, significa a "grande muda".

ANDRÉ FROSSARD | 11

rezava discretamente, mas de uma ponta a outra, o "Pequeno Ofício de Nossa Senhora", espécie de breviário dos fiéis. Não tinha muito mais que fazer. Ao meio-dia, ia fazer uma hora de oração em Saint-Roch. Os meus camaradas tinham-me dito que todo o pessoal do ministério era mantido sob vigilância durante algum tempo, e que eu tinha com toda a certeza um inspetor do serviço de informações ou da contraespionagem a seguir-me os passos; se era verdade, esse bom homem terá levado uma vida interior de singular intensidade, e hoje talvez seja trapista ou cartuxo.

Depois dessa hora passada ao sol do sacrário, nas delícias habituais, dirigia-me a um restaurantezinho próximo, confiando os meus pensamentos ao anjo da guarda. Para não ser incomodado, reservava todos os dias dois talheres. A patroa, mulher de coração, julgando-me vítima de um "cano" perpétuo, lançava-me do alto da sua caixa sorrisos de dolorosa compreensão.

De tarde, entre o encerar de dois assoalhos, rezava o rosário, que me parecia curto. Não me cansava da repetição dessas Ave-Marias que se tornam maravilhosamente exploradoras quando as deixamos ir ao seu destino, em vez de as reter com o terço, como que na ponta de uma trela. No fim do dia, ia receber a bênção do Santíssimo numa igreja ou noutra, antes de retomar a leitura de Santa Teresa de Ávila, por quem tinha e por quem tenho uma admiração sem limites. Visitava o seu "castelo interior", seguia-a no seu "caminho de perfeição",[2] sem ter aliás a ideia de por em

---

2 Referência às conhecidas obras de Santa Teresa de Jesus.

prática o seu ensinamento. Eram a sua pessoa e o seu pensamento que me prendiam. Partilhava as suas preocupações, as suas provas, tomava furiosamente a sua defesa nas querelas em que o clero a envolvia e, quando ela recebia uma graça do Céu, eu ficava extremamente feliz, como se esse favor recompensasse ao mesmo tempo os seus méritos e a minha esperteza. Julgo que ela me pagou com o cêntuplo os meus pensamentos delicados, ao fazer com que a minha primeira filha nascesse com três boas semanas de antecipação, no dia 15 de outubro, dia da sua festa, como eu desejava.

Esse gênero de vida parecerá hoje absurdo e extravagante. Que sentido faz um rapaz forte, na flor da vida, passar seis horas por dia a rezar, consagrando o resto do seu tempo a leituras espirituais, doendo-se das suas pequenas distrações e recriminando-se por não ter conservado até adormecer o seu rosto voltado para as alturas invisíveis donde lhe vinha a alegria? Mas que outra coisa podia eu fazer? O Céu era o meu elemento natural. Lamenta-se porventura o peixe por engolir muita água?

MAS... E O PRÓXIMO?

"O quê?!" — dir-me-ão. "E o seu próximo? E o mundo? Não foi para o salvar que Cristo entrou na história?".

Certamente. Mas esperando que a história, tal como nós a vivemos na balbúrdia e na inépcia, aceite confundir-se com o desígnio que Deus talvez tenha sobre ela, o meu próximo parecia-me numa situação muito triste. A sociedade à sua volta funcionava já como uma máquina de desmiolar, em sentido próprio ou figurado, física e psicologicamente. Mentia-lhe sob todos os aspectos. À guisa de vida eterna, propunha-lhe uma ilusão de sobrevivência no grande todo coletivista, confortado por uma garantia de perpetuidade biológica fornecida pela genética; "o homem por si mesmo não é nada", dizia-lhe ela para o levar a abdicar da faculdade de recusar, que tanto aborrece os poderes políticos; "só existe pela relação com os outros; a sua razão de ser está na obra comum". Era um convite a desaparecer.

O meu próximo, urbanizado e babelizado em mais de cinquenta por cento, para maior segurança tornado surdo pelo barulho das fábricas ou dos rádios, cego pela multiplicação das telas interpostas entre o seu olhar e a natureza, pois claro que eu o amava! Amava-o pela sua solidão, pelas suas doenças, pelas suas imperícias, por um ombro mais alto que o outro, pelo fechar de uma pálpebra, por uma descompostura, por uma hesitação em atravessar a rua, por tudo: como poderia eu ter a veneração perplexa de certos pregadores por esse século que há bem pouco tinha massacrado o meu próximo aos milhões, que minava a sua fé, enganava a sua esperança, e se preparava para o queimar em cidades e povos inteiros, no mais descomunal sacrifício humano de todos os tempos?

CONTEMPLAÇÃO... OU VIDA CONTEMPLATIVA?

Em 1938, depois de dois anos de serviço militar religiosamente cumpridos e uma quinzena de dias de liberdade, vi-me mobilizado em Toulon com todos os "disponíveis", para o

HÁ UM OUTRO MUNDO

desfile militar da capitulação de Munique.[3] Os meus horários de piedade não foram prejudicados em nada. Não tinha nada para encerar. Os pavimentos eram de cimento vulgar, lavado com água simples pela terceira classe. Todos esperávamos um destino que não veio. Hitler, que tratava as democracias como os personagens do Marquês de Sade os seus prisioneiros, acabava de alcançar a terceira rendição delas em três anos.[4] Eu e os meus camaradas não vimos inconveniente nenhum em que não se fizesse a guerra imediatamente; não éramos grandes políticos.

Mas a desmobilização dos marinheiros demorou mais a vir do que a dos homens do Estado, e nós nos perguntávamos se nos iriam manter no serviço militar até a próxima conferência de paz, quando soube, não sei como, que havia cartuxos e uma cartuxa numa localidade próxima. Uma cartuxa habitada! Precipitei-me para lá, e que ninguém sonhasse em deter-me!

A cartuxa de Montrieux não tem a surpreendente beleza da Grande Cartuxa, malga de leite entornada sobre o veludo escuro de um manto de abetos e que se descortina a partir da outra vertente florestal do vale, legível como um desenho

---

3 Em 29 de setembro de 1938, realizou-se em Munique uma conferência dos chefes de governo da Alemanha, Itália, Grã-Bretanha e França, em que os dois últimos concordaram com que a Alemanha anexasse os Sudetos e desampararam assim a Tchecoslováquia, que detinha a soberania sobre essa região. A conferência foi chamada ironicamente "capitulação".
4 Pela anexação dos Sudetos. As "rendições" anteriores deram-se em 1936, quando o Reich ocupou a zona desmilitarizada da Renânia, junto da fronteira francesa, e em março de 1939, pela anexação da Áustria. Em todos esses casos, Hitler violou frontalmente as disposições do Tratado de Versalhes e de outros acordos internacionais, apostando em que as potências democráticas não ousariam declarar-lhe guerra.

ou um castelo de iluminura. É um pequeno mosteiro construído com graça, embelezado com algumas flores, para onde a Ordem manda os seus convalescentes ou os padres demasiado velhos para suportarem o clima das montanhas.

À entrada, o irmão porteiro falou-me de uma teoria da oração a que acabara de dar os últimos retoques. Era um velho anarquista bastante conhecido em Paris, e que confeccionava as suas orações como bombas, comprimindo bem o pensamento; as velas deviam servir-lhe como outras tantas mechas acesas. Levou-me ao prior, que não sabia nada da mobilização nem de Munique, e que não se mostrou ávido de informações. Pacífico e sorridente, conservou-se sentado, com os dedos entrelaçados sobre os joelhos e, enquanto escutava com atenção, os seus olhos claros pintaram-me de azul-celeste.

Tinha escurecido. Destinaram-me um quartinho de onde saí logo a seguir para o ofício da noite, que nos cartuxos se faz em duas vezes, com uma interrupção que descansa menos do que quebra os rins. Alta, estreita e sem naves laterais, a capela ainda se encontrava vazia. Só um padre estava em oração diante do altar, inclinado à maneira dos cartuxos, que se colocam de través nos degraus; se se retirassem esses degraus, dariam a impressão de serafins inclinados diante da luz. Os padres fizeram a entrada com a lentidão de magistrados que viessem para uma sessão no tribunal; e tive receio de ser julgado leviano.

Mas, enfim, teria eu encontrado o meu lugar, seria esse o navio que devia transportar-me, tomaria lugar entre esses tranquilos remadores nos coros alternados da salmodia, do agitar-se do burel, dos grandes silêncios onde não se ouvia senão o embate do vento contra as vidraças altas e, de tempos a tempos, um toque de pé no chão? Ou então, a atração que eu julgava sentir por essa forma radical de entrega ao absoluto não seria senão o disfarce da minha fraqueza perante a vida? O que eu procurava no fundo não seria simplesmente o meio de seguir deste mundo para o outro pela tangente? Ia sabê-lo.

Aprendi sobretudo a diferença entre contemplação e vida contemplativa. A contemplação é o modo de ser de um espírito impaciente por dizer tudo com uma só palavra, de chamar tudo com um único nome porque sabe que a inteligência acaba sempre por atingir a caridade, da qual é a versão reflexiva. E pode dar-se por satisfeito de ter estabelecido esse radioso sistema de relações e manter-se nele.

Mas a vida contemplativa é a rude e laboriosa desapropriação de si, o despojamento de um ser que, por abnegação mística e para o bem dos outros, dá a Deus a parte de liberdade que ele entregou ao homem. O contemplador recebe, o contemplativo dá. Os contemplativos tornaram-se todos brancos à força de se apagarem, e é muito natural que tenham inventado licores fortes. O tratamento a que o alambique submete às plantas, aplicam-no eles às sensações que ainda lhes chegam à sua solidão e ao seu despojamento voluntário: em lugar de as lançarem imediatamente para a tela ou para o papel, como fazem os artistas, ou de as transformarem em pensamentos, em ação ou em recordação, deixam-nas alcançar no seu íntimo o ponto de coincidência em que a inteligência se identifica com a caridade.

Podia eu imitar essa renúncia? Não sentia em mim nenhum apego que se opusesse a isso; mas não basta não estar apegado para ser capaz de renúncia, e aliás, não tendo a mínima propensão para a análise interior, conhecia mal as minhas verdadeiras disposições; depois da sua vinda ao meu encontro, a maior graça que Deus me fez é a de nada ver quando olho para mim.

O OLHAR DA INFÂNCIA

Que caminho devia seguir? Retomei o do depósito de fardamento, sem ter alcançado o que suspirava; era menos uma resposta do que uma pura e simples transferência. Tendo-me tornado católico como que por magia, esperava fazer-me cartuxo do mesmo modo. Não disse eu que a minha conversão fez de mim um menino, o menino que nunca fora? E isso no próprio sentido que o Evangelho parece entender quando diz: "Se não vos fizerdes semelhantes a estes pequeninos, não entrareis no reino dos Céus".[5] No meu caso, a operação dera-se ao contrário; foi ao entrar no reino que eu rejuvenesci; mas a contraprova só vinha sublinhar a validade do preceito. Posteriormente, o espírito de infância pareceu-me sempre inerente ao cristianismo, e não me viria a ideia de reivindicar uma fé adulta mais do que uma fé enrugada ou uma fé barbuda.

---

5 Mt 18, 3.

HÁ UM OUTRO MUNDO

Há pouca probabilidade de encontrar a Deus se não se guardou, salvou ou recuperou essa faculdade de admirar--se que faz luzir o olhar da infância e que se embota com a idade, o hábito e certas formas de educação bem francesa, em que o receio doentio de ser simplório leva a negar por princípio e a ser cego por precaução. O poeta é aquele que vê sem olhar, dizia Paul Claudel. A educação francesa faz poetas que olham e não veem, e que se acusam durante toda a vida de não terem dito antes de Paul Valéry: "O Partenon é um montão de pedras", belo tema de dissertação para um concurso de operadores de gruas. Não se encontrará a Deus se se rejeita de antemão a hipótese de uma beleza que ultrapassa o previsível.

Por sorte, eu recebera o Batismo havia pouco, e os neonatos raramente são insensíveis. Também não estão muito preocupados com a sua carreira, e o meu feliz estado de inocência levava-me a entregar nas mãos que me haviam recolhido o cuidado de me colocarem onde quisessem que me fixasse.

Os acontecimentos vinham, aliás, em socorro da minha irresolução, preterindo de um ano para outro a minha saída do serviço militar. Desmobilizados depois de Munique, fomos de novo convocados no princípio de 1939. Hitler preparava--se para se apoderar da Tchecoslováquia, e as democracias ocidentais não sabiam como dominá-lo ou acalmá-lo. Não poderiam eludir muito mais tempo a sua resposta ao monólogo de Hamlet: "Ser ou não ser"...

Os antigos combatentes de 1914 tinham reencontrado um público e retomado o seu relato interrompido, procurando simpaticamente fazer-nos beneficiar da sua experiência, espantando-se eles mesmos de terem sobrevivido à conjuração do chumbo, do gás e do fogo que tinha levado tantos dos seus companheiros. O mundo mostrava-se o mesmo que eu conhecia desde o dia em que uma bomba me despertara para a vida numa cave de Belfort: cheio de absurdo, de violência, de barulho, de furores seguidos de terror no mais belo cenário da galáxia. Eu mal lia os jornais, que já não conseguiam encontrar tipos de letra mais carregados para expressar a sua inquietação.

SANGUE-FRIO EXEMPLAR

Desta vez, o jovem que tinha resistido a todas as tentações, exceto à do angelismo, foi lançado a uma profundidade de quinze metros sob a Place de la Concorde, no centro subterrâneo de transmissões da Marinha. Não sei se havia anjos mais enterrados na crosta terrestre, mas não havia marinheiro mais solidamente ancorado no solo. O sangue brotava-me do nariz cada vez que subia, e era de lenço no nariz que ia à Madelèine ou a Saint-Roch. Tive a satisfação de receber mais um galão e a felicidade de me tornar amigo do rapaz mais leal da Terra, Pierre Guéno, que me ensinou o código Morse, o uso do teletipo e a arte de reconhecer os postos hierárquicos através do telefone, durante as minhas horas de serviço na central: quanto mais imperioso o tom, mais baixo era o posto. Os almirantes nunca se zangavam; daí para baixo, a paciência diminuía de patente para patente.

À força de sangrar pelo nariz, ganhei um boné de oficial subalterno e perdi a simpatia das meninas que, no metrô, puxavam para si, com dedo ágil, os poderes mágicos ligados à minha borla vermelha.

Depois foi declarada a guerra e a Polônia morreu. Nós contávamos ser esmagados pelas bombas, mas só veio uma nova nomeação: como eu tinha as mesmas coordenadas civis e militares do filho do almirante da Armada, beneficiava de todas as medidas tomadas em seu favor, e, quando ele foi nomeado oficial secretário, eu fui promovido. O contra-almirante que nos entregou a patente não pôde conter-se de resmungar que "não se via isto desde Colbert".[6] Fui arrancado do meu subterrâneo e destinado a um gabinete do Estado-Maior, nos andares superiores. Voluntário para todos os serviços da noite, que me permitiam passar o dia na igreja e fugir assim duas vezes ao mundo, dormia numa cama de campanha, junto de um distribuidor de cartuchos pneumáticos, em contato com diversos ministérios, com a missão de decifrar e distribuir imediatamente os telegramas urgentes.

Foi assim que, numa noite de dezembro de 1939, tive que decifrar uma mensagem do nosso embaixador em Bruxelas, dirigida a todas as autoridades legítimas, que anunciava de fonte fidedigna que os exércitos alemães invadiriam a França, a Bélgica e a Holanda nesse mesmo dia, às cinco horas da manhã.

---

6 Jean-Baptiste Colbert (1619–1683) foi homem de Estado e "mão direita" de Luís xiv.

Haviam-me ensinado que o sangue-frio é a qualidade--mestra do oficial da Marinha, uma vez que todo o sinal de nervosismo na ponte se traduz em terror no porão. Ora, eram quatro horas. Se não há nada previsto para deter os alemães — pensei —, não é agora que se poderão tomar as medidas necessárias para isso, sem contar que me seria necessário um bom quarto de hora para acordar toda a gente. Pus o telegrama no cesto de espera e adormeci de novo com o sono de um justo.

Esperava ser felicitado pela minha fleuma exemplar, mas encontrei-me umas semanas depois, não sei como, navegando para as Antilhas num barco da Companhia Geral Transatlântica.

12

A NAVEGAÇÃO E O PENSAMENTO SISTEMÁTICO

O *Cuba* era um confortável barco ornado na proa com um pequeno canhão que de nada nos serviria, senão para fazer com que o primeiro submarino que aparecesse nos despachasse para o fundo do mar sem prévio aviso. Atravessamos o Golfo da Gasconha em permanente estado de alerta, espiando os periscópios; depois, a atenção relaxou-se e a vida a bordo voltou ao que era em tempo de paz nos navios-correio das Antilhas, despreocupada e tranquila. O certo é que senhoras e cavalheiros pareciam entender-se maravilhosamente, embora em geral não falassem senão a meia-voz, nos cantos escuros, para não serem vistos nem ouvidos pelos submarinos. Acontecia também que alarmes falsos os faziam refugiar-se uns nos beliches dos outros, visivelmente perturbados de manhãzinha, no corredor, por terem cedido a um momento de pânico.

Prevendo uma longa viagem e sabendo-me pouco comunicativo, tinha levado muitos livros: a minha Santa Teresa,

HÁ UM OUTRO MUNDO

Chesterton e vinte quilos de filósofos, de Spinoza a Bergson, cujas doutrinas eu me propunha resumir em oito ou dez páginas, como era meu hábito. Mas onde lê-los? A navegação e o pensamento em blocos sistemáticos não combinavam. Os estalidos da cabine, o ruído das máquinas na sua concha abafada, o possante e vão esforço do barco para deixar o centro do seu horizonte circular e o lento movimento giratório do ilimitado espaço à sua volta, estabeleciam relações insólitas entre o espaço e o tempo; a tinta das decocções cerebrais diluía-se no mar como o jato negro da lula, nenhuma página de filosofia resistia à confrontação com essa ondulação desdobrada que se balouçava no céu e só suportava ser interpelada pela Bíblia: "No princípio Deus criou o céu e a terra; a terra era informe e vazia, as trevas cobriam a face do abismo e o espírito de Deus pairava sobre as águas".[1] Ele pairava sobre as águas e comunicava-lhes o seu desígnio por obra do reflexo, inaugurando a longa convivência da religião com esse elemento transitório ou transacional que, entre o espírito e as formas duras, reteve na sua transparência móvel algo desse sobrevoo divino que nos é derramado na alma pelo Batismo.

Nenhum dos sábios empilhados na minha mala dissera uma única palavra capaz de voar por sobre a voragem acumulada que eu tinha debaixo dos meus olhos (exceto um, Aristóteles, que pronunciara esta palavra inaudita, a mais bela e mais verdadeira que já saiu de uma inteligência humana não iluminada pela Revelação: "Deus move o mundo como objeto de amor"). Estas palavras ultrapassavam o horizonte.

---

1 Gn 1, 2.

Os outros habitantes da minha mala nem suspeitavam sequer que a natureza pudesse ser movida desse modo, emocionada por voltar ao seu princípio. Eles teciam a tênue rede das suas demonstrações como a aranha tece a teia num canto, e eu deixei a leitura completa das suas obras para o dia em que estivesse fechado num quarto e tomei a resolução filosófica de me deixar embalar pela alegria e pelo oceano.

A MARTINICA

Habituado a uma certa solidão, não tendo a abnegação dos meus companheiros, sempre prontos a fazer com os seus corpos uma proteção para as nossas companheiras de viagem, e para cúmulo encerrados em um único assunto de conversação, eu não me ligava a ninguém. Algumas experiências tristes tinham-me dissuadido de contar a minha história. Ou não acreditavam em mim ou se compadeciam silenciosamente das peças que a imaginação me pregava. Ah! Esses olhares de benevolência consternada e sobretudo essa indiferença, essa ausência absoluta de curiosidade pelas notícias que eu tinha do além e que me queimavam a língua! Ou então vinha a eterna pergunta: "O que é que mudou na sua vida?", posta quase sempre nesta forma utilitária: "O que é que essa fé lhe dá?".

O que é que muda na vida de um cego curado? O que é que a música traz ao surdo que recuperou a audição?

Contornando a costa africana e fazendo escala no arquipélago das Caraíbas, foi-nos preciso mais de um mês para

HÁ UM OUTRO MUNDO

atingir Fort-de-France.[2] Mas ninguém se lamentou da longa viagem e, mal saltaram em terra, cada qual pareceu esquecer--se de todos os outros.

Eu conhecia a ilha por ter estado nela uns dez anos antes, com o meu pai que, nesse tempo, era deputado por lá! Nada mudara. Ofélia exótica, a Imperatriz Josefina continuava a vaguear todo o tempo em traje de gala e coroa na cabeça nos relvados bravos da savana,[3] e debaixo de guarda-sóis vendiam--se cocos e cachos de bananas do tamanho de um dedo. No Estado-Maior do almirante alto-comissário das Antilhas, instalado numa vivenda das colinas, explicaram-me que não havia lugar para mim nos quartos, nem à mesa, e puseram-me num hotel. Só, e nada descontente com isso, tinha toda a liberdade para deixar-me assar pelo vulcão ou ser enfeitiçado pelo mar de magníficos peixes, ou pela floresta encantadora, ou pelo crepitar noturno das estrelas — tão próximas que pareciam cair-nos em cima, espalhando-se como flocos de neve diante de um para-brisas —, ou pelas plantações de ananases ao pôr do sol, em que a luz rasante dá uma última pincelada de fogo aos seus bojos incrustados de prata, ou pela fina chuva verde suspensa sobre as palmeiras, ou pelas mulheres opalinas, fosforescentes, movendo-se e avançando diante de uma esteira de poeira luminosa.

Eu não era tentado, no sentido de uma tentação que precede a queda; era cordialmente convidado pela natureza a

---

2 Capital da ilha da Martinica.

3 Joséphine Bonaparte, primeira mulher de Napoleão, era natural da Martinica; o autor alude à semelhança das mulheres da ilha com ela, quer pelo tipo, quer pelo modo de vestir.

visitá-la mais de perto, e encontrava cada vez menos pretextos para corresponder aos seus amáveis convites. Deus não a amava? Amava. A encarnação não deixava a menor dúvida, e perpetuava o seu amor de todos os modos imagináveis: pela força inacessível que mantinha todas as coisas na existência; pela Eucaristia inserida na nossa história; por essa forma particular de ausência que atrai as inteligências para além delas mesmas, para esse mistério que é o seu alimento natural; por esse milagroso apagamento divino que um dia promoveu a primeira pulsação e a explosão do mundo criado, anulando o protesto do vazio ao apresentar a homenagem do nada.

Eu sabia que não se podia agradar a Deus ignorando sistematicamente a sua obra. Era, no entanto, o que eu fazia. E como não tinha, para dizer a verdade, nem "vida interior" nem "moral" — não queria retirar os olhos da beleza que me encantara a fim de os voltar para a miserável morada que a minha pessoa estava em condições de lhe oferecer, e no meu Céu puro não sentia a necessidade de recorrer a uma moral, que me parecia ser para a vida cristã o que o voo por instrumentos é para a aviação, tudo dependia da minha vigilância, da minha atenção em não deixar desviar-se um grau que fosse a orientação do meu espírito.

Tinha-me relaxado um pouco na minha regra, falhando, ora na oração, ora no ofício, a bordo por falta de padre, em terra por falta de tempo, depois de energia, e havia poços de ar na minha navegação. Já durante a travessia, surpreendera-me uma manhã, ao acordar, pensando que certa jovem passageira que não fugia de mim ia tomar o café da manhã; mas

experimentei esse movimento de interesse com a brusca co-
moção do alpinista que perde o pé: eu ainda não renunciara a
ser um anjo. Continuava a não sentir interesse pelo mundo.

"O MUNDO SALTOU-ME EM CIMA"

Foi o mundo que me saltou em cima. No Estado-Maior, não
tinha decifrado senão telegramas sem qualquer importância
quando, de repente, passaram a ter bastante mais. A partir de
10 de maio de 1940, conjuntamente com a rádio americana,
só nos comunicavam notícias lúgubres: a invasão, a rendição,
os sofrimentos dos nossos compatriotas, o armistício. A cur-
vatura da Terra impedira-nos de captar os apelos do General
De Gaulle, mas, juntamente com um contra-almirante
de origem crioula,[4] alguns de nós contávamos com que a
Marinha se poria do lado da Inglaterra: éramos gaulistas
sem o saber.[5] O almirante alto-comissário estava hesitante.
Dispunha de uma força naval nada desprezível, de aviões
e de uma parte das reservas do Banco da França. Homem
fino, diplomata, saído de um romance de Júlio Verne, com a
sua barbicha e o seu panamá, não sabia bem o que escolher,
fazia rodeios com os seus petainistas, parlamentava com os
americanos — que estavam inquietos com o destino do seu
tesouro de guerra —, e por fim modelava a sua atitude pela

---

4 Originário da Martinica.
5 Quando a França foi invadida, parte foi ocupada, e a parte ainda livre, sob um
governo interino comandado pelo Marechal Pétain (o "regime de Vichy", nome da
sua capital), assinou um armistício com a Alemanha a 22 de junho de 1940. Pouco
antes, a 18 de junho, o Marechal De Gaulle, refugiado na Inglaterra, tinha lançado um
apelo aos franceses para que continuassem a guerra, e passou a organizar o governo
da França livre no exílio, contando com o apoio dos ingleses.

do General Noguès, que reinava na África do Norte e, ao menos visto de longe, contemporizava.

O contra-almirante crioulo, que não era diplomata, estava a ponto de conseguir um barco para nos levar ao Canadá quando morreu de morte súbita. Desconcertados ou conquistados pelo contágio da diplomacia, os poucos gaulistas da Marinha (entre a população todos o eram) puseram-se também eles a esperar. Como é que não nos veio a ideia da solução mais simples, que era arranjar uma lancha e tentar alcançar de noite os dois cruzadores americanos que vigiavam os nossos movimentos, nos limites das águas territoriais? Mas nós estávamos iludidos. Parecia-nos impossível que o almirante, mais dia menos dia, não tirasse partido da sua liberdade, e conservávamos a nossa esperança de semana em semana. Distinguíamos bastante mal o que se passava na França, mas, fossem ou não feitos sob coação física, os discursos de Vichy revoltavam-nos e, num ou noutro caso, incitavam à iniciativa.

Tornou-se a de desmobilizar os reservistas. Recebi a decisão sem qualquer desgosto. Era cada vez mais claro que não se faria nada com esses barcos, esses aviões, esse ouro. A desgraça do nosso país ensombrava a paisagem, a floresta era menos verde, a água, menos azul, os altivos barcos de guerra imóveis na doca não eram mais do que blocos de resignação pintada em ferro, assim como a carne de vaca salgada que eu julgava comer todos os dias no almoço não passava de uma posta de tartaruga do mar.

Entre as minhas modestas atribuições, figurava a de tomar nota ou de recopiar, de tempos a tempos, os itinerários secretos que enviávamos aos comandantes dos navios de transporte ou de reabastecimento prestes a partir para a metrópole. O itinerário do *Cuba*, que, depois de me ter levado, devia trazer-me de regresso, dava-lhe a meu ver todas as possibilidades de ser interceptado pelos ingleses. Foi com efeito o que lhe aconteceu. Interceptado ao largo da África, foi desviado para Freetown, com os seus setecentos passageiros.

Infelizmente, eu não estava entre eles. À última hora, a minha desmobilização fora retardada por três meses. Com grande mágoa minha, o bananeiro esguio e veloz que me trouxe à pátria em janeiro de 1941 passou despercebido no meio de uma tempestade de muitos dias, que restringiu o horizonte e a visibilidade. Se se apresentaram ocasiões de fazer desvios em favor de tal ou qual rota, não as vi. Não sei se será útil dizer que eu não era um homem de ação.

SETE PALAVRAS NUM ANO

Em lugar de Londres, foi Marselha, e um desnível de temperatura de quarenta graus em relação a Fort-de-France. A primeira pessoa que encontrei ainda me resfriou mais. Foi um socialista retinto, velho amigo da minha família, valoroso combatente da Grande Guerra.[6] Esperava que ele me falasse do General De Gaulle. Fez-me o elogio do Marechal Pétain, e deu-me o endereço dos meus pais. Marselha nevada pareceu-me triste.

Os meus pais moravam em Vichy, numa vila acanhada, encaixada numa dessas ruas de estação termal que fazem lembrar

---

6 Da Primeira Guerra Mundial.

os alinhamentos de barracas de praia. Um ano antes, tinha deixado meu pai estendido na cama, lendo o jornal. Quando me ouvira dizer que ia partir para a Martinica, tinha dito: "Está bem. Felicidades!". Nesse meio-tempo, tinha havido uma troca de algumas cartas entre mim e a minha mãe, uma catástrofe nacional e doze meses de ausência. Encontrei-o estendido em outra cama, com um jornal aberto na sua frente. "Olha quem é!" — disse ele ao ver-me. "És tu? Viva!" — e voltou à leitura. Sete palavras num ano. Não se fazia muito melhor em Cister.

Mas à noite tivemos uma longa conversa de muitos minutos sobre a guerra. Ele tinha esperanças. Contava com os americanos. A Alemanha seria vencida. Mas quando? Sendo ele antigo ministro da *Gueuse*[7] (nome que os da direita davam à República), ex-secretário-geral do partido comunista e, sobretudo, semi-judeu, tinha todos os motivos para desagradar ao novo regime e atrair a perseguição.[8] O seu alojamento em Vichy era a "cestinha dos objetos" da *Carta roubada* de Edgar Poe:[9] pensava que, à força de o verem, deixariam de lhe prestar atenção.

Enganava-se. Os terríveis maníacos da Revolução Nacional ameaçaram aplicar-lhe o "estatuto dos judeus" se não comprovasse que os filhos eram cristãos. A minha irmã, que se

---

7 "Mendiga".
8 O regime de Vichy colaborou em grande medida com a política antissemita de Hitler.
9 Conto do escritor americano Edgar Allan Poe (1809–1849) em que um chantagista deixa a carta comprometedora da vítima bem à vista, entre o material de escrita e outros objetos que tinha numa cesta sobre a mesa de trabalho, considerando que essa era a melhor forma de não chamar a atenção para ela.

tinha convertido ao catolicismo havia algum tempo sem que eu tivesse intervindo em nada, aproveitou a ocasião para receber o Batismo, e o meu pai pôde apresentar os documentos exigidos. O principal responsável por essa humilhação pediu-me perdão depois da guerra, e à minha família, em lembrança de meu pai; o gesto comoveu-nos. Depois disso, o nosso penitente voltou a cair num desses acessos de sanha obtusa, nele disfarçada de "política". Nem sempre conseguimos perdoar-nos por tê-lo perdoado.

Do ponto de vista da minha vida espiritual, desde a minha partida para as Antilhas eu não deixara de perder altura; certamente o sol tropical derretera a cera das minhas asas, e eu atingira a altitude zero. Ainda não estava completamente consciente disso, mas era o fim da infância, das efusões suaves, da longa ausência do mundo que me fora concedida; o tempo acabava de fazer ato de presença. Sutilmente desagregada pela violenta irrupção de julho, a Terra retomava à minha volta a sua consistência e segurava-me pelos pés. No entanto, eu ainda não me sentia prisioneiro e conservava instintiva aversão por três coisas: o mundo — quero dizer, aquele cujo príncipe não é uma criança;[10] o compromisso, mesmo o físico, numa obra comum; o casamento, com os laços e a responsabilidade que supõe. Ia viver os três.

---

10   A palavra "mundo" tem, na Sagrada Escritura, dois significados claramente diferentes: em primeiro lugar, significa a Criação divina, que tem Cristo por Rei; em segundo lugar, designa o pecado e as suas consequências sobre a Criação, desfeando-a, e é neste sentido que o Senhor diz, em diversas passagens (Jo 12, 31; 14, 30 etc.) que o demônio é *"Príncipe deste mundo".*

13

EMPREITEIRO DA RESISTÊNCIA

Como eu não queria retomar o ofício de jornalista, procurei um emprego que não exigisse nenhuma qualificação particular, e um amigo de meu pai encaminhou-me para um grande empreiteiro de obras públicas, Marcei Gagneraud, que desenvolvia na região de Lyon uma grande empresa de transportes com sede em Marselha. Esse homem, corpulento e jovial, depois de se ter certificado dos meus bons sentimentos, ofereceu-me sem rodeios a direção da sucursal de Lyon, junto de seu filho Francis, que dirigiria o Rhône, os Alpes e a Drôme; tinha a mesma idade que eu e estava começando a vida empresarial; ajudar-nos-íamos um ao outro.

Fiquei bastante surpreendido de que se confiassem lugares dessa importância a dois jovens inexperientes; mas além de Francis se ter revelado bem cedo capaz de dirigir tudo o que caísse sob a sua alçada, não tardei a compreender que os nossos lugares exigiam mais agilidade na corrida do

HÁ UM OUTRO MUNDO

que competência. Tratava-se de subtrair aos alemães o material embargado em virtude da convenção do armistício, e de escondê-lo ou de pintá-lo com as cores frescas da nossa empresa. Essas operações faziam-se normalmente à noite, nos parques de artilharia, com as cumplicidades necessárias, quando a comissão de armistício estava de costas voltadas.

Achei os trabalhos bastante menos monótonos do que teria imaginado, embora tenha tido, para salvar as aparências civis do nosso empreendimento, de aprender a contar com os fornecedores, a descontar com os clientes e a recontar com os contadores. Comercialmente, prosperávamos. Militarmente, emboscamos em pouco tempo, em benefício do exército secreto, material suficiente para reconstituir uma ou duas divisões motorizadas.

O MAL EM ESTADO PURO

Recoberta hoje de emplastros de concreto, Lyon era naquela época, esboçada a carvão sobre um papel ligeiramente umedecido, uma bela cidade tipicamente italiana, com os dominós das suas casas alinhados ao longo dos cais. Com as suas vielas mudas e as suas fachadas de pálpebras semicerradas, toda a cidade subia num grande mistério para a basílica entalhada em chocolate e oferecida como um entremez fora de moda à Virgem Maria, por quem os lioneses tinham uma particular devoção. Eu ia muitas vezes lá acima com o meu carro recuperado e gasolina subtraída de passagem de alguma cisterna de posto. Depois da missa, passava uns bons momentos no terraço, a contemplar o fantasma longínquo dos Alpes para lá dos telhados redondos da Cruz Vermelha, das igrejas escuras e dos dois rios que prolongam a sua controvérsia até que o discurso categórico do Rhône dirige para o mar o Saône hesitante.

Situação admirável para uma capital. Todos os homens da Resistência tinham encontros lá e utilizavam os seus abrigos secretos em tempo integral. Não tive qualquer dificuldade em encontrar alguns. Não se escondiam, fortes apesar de serem poucos, desejosos de reerguer os ânimos pelo exemplo; Stanislas e Aniouta, que reencontrei com alegria, eram dois gaulistas superlativos que aplicavam sem pestanejar as instruções mais invulgares da rádio.

Londres, como a que prescrevia aos patriotas que, no dia 14 de julho, passeassem pelas ruas em trajes tricolores. Stanislas tinha feito reaparecer um jornal que a censura de Vichy logo fez desaparecer novamente. Teve então a ideia de fundar uma pequena casa editora com o apoio de um livreiro de Terreaux, que quase morreu de rir, ali mesmo onde estava, entre dois montes de livros, quando lhe propôs aproveitar o "meu dinamismo" para formarmos sociedade.

O "dinamismo de François" (é o meu nome de Batismo) era célebre na família. Aos olhos de Stanislas, o *quantum* de energia de Max Planck e os seus trinta e seis zeros depois da vírgula eram ainda demasiado elevados para mim. Mesmo assim, cedeu-me um escritório que serviu de sala de espera para todos os clandestinos de passagem. Refratário ao compromisso, encontrei-me comprometido duas vezes ou até três, porque a dúvida em que eu estava de ver o exército servir-se

HÁ UM OUTRO MUNDO

um dia do nosso material camuflado fez-me preparar a sua transferência para um núcleo de resistentes.

Como os partidos políticos, aturdidos pela derrota, ainda não se tinham recomposto, e como os franceses de tipo tradicional tinham dado a sua confiança ao Marechal Pétain, que lhes prometera pô-los de novo em pé se se mantivessem sensatamente ajoelhados, os primeiros resistentes foram na maioria os cristãos de esquerda, para os quais a sua guerra era uma das poucas guerras justas da história.

Eles tinham de enfrentar esse fenômeno excepcional que é o mal em estado puro, praticamente sem qualquer mistura de bem, que subsistia sob a forma de um monstro ideológico nascido no segredo de um velho adultério filosófico em que a inteligência traíra a razão com o sonho, tornando-a incapaz de exercer a sua arbitragem entre o homem e as coisas, bem como entre o homem e ele mesmo. O que eles viam, cuspindo fogo e abrigado sob a blindagem de um cérebro muito pequeno, contraído pelo fanatismo, era o que o erro multiplicado pela mentira fizera do homem: um animal privado de razão. E ainda ignorávamos o pior: os campos de concentração, o enorme assassinato pelos gases ou por uma lenta subtração do ser. Mas o que sabíamos era suficiente para nos encher de desgosto e indignação.

Impregnada de crime e de medo, a atmosfera terrena ter-se-ia tornado tão irrespirável como eu adivinhara na minha estadia azul,[1] se não houvesse a benfazeja louçania de espírito que nos unia na repulsa.

---

1 Na Martinica.

O MOSTEIRO OU A MOÇA?

O editor da *Témoignage chrétien* espantava-me pela simplicidade da sua coragem. E o mesmo acontecia com o livreiro de Terreaux, que condensava no seu tamanho diminuto toda a força moral contida na sua livraria, como as pequenas aves que encerram todas as trombetas de Jericó na sua minúscula garganta. Apresentou-me uma jovem lionesa que acabava de perder o pai, médico amante da música, refinado e liberal, no sentido de um liberalismo traduzido em liberalidades; demasiado desprendido para ser previdente, deixara-a numa situação difícil, com a mãe muito doente, e necessitada de emprego.

Algo de generoso em mim me levava a ajudar as moças em situações difíceis, quando eram bonitas. Não ousava, porém, oferecer-lhe um lugar entre os meus caminhoneiros, o que teria exigido uma embalagem especial. Limitei-me a admirar o seu nariz, que era extremamente fino. A seguir, porém, admirei a delicadeza dos seus sentimentos, depois a coragem com que aceitava a brutal mudança de vida que o destino lhe impusera e, por fim, que soubesse tocar harpa, usar o telefone, servir-se dos talheres de peixe. Eram muitas admirações para um inimigo do compromisso.

As minhas atividades misteriosas e as minhas leituras filosóficas impressionavam-na sobremaneira; não havia filósofos na sua família demasiado burguesa. Receando que lhe viesse a ideia de se prender a um, procurei explicar-lhe demoradamente, por via das dúvidas, e com frequência, que o pior erro que uma moça poderia cometer seria amar demasiado

HÁ UM OUTRO MUNDO

a filosofia e os filósofos sem verdadeira formação, que só filosofam para passar o tempo, à espera do fim da guerra e da liberdade. Encontrei-me com ela o maior número de vezes possível, para que não se criasse o menor mal-entendido entre nós. Ela ouvia-me com muita paciência. Eu experimentava na sua presença uma sensação totalmente nova, das mais estranhas, e que era a sensação de existir. Era inquietante. Mas, quando observei que, com a sua aproximação, o mundo cinzento que me rodeava se enchia de cor, fui tomado de pânico e bati em retirada.

Corri até a Grande Cartuxa, que tornei a deixar depois de dar duas voltas aos claustros. Esse castelo da alma era demasiado resplandecente para mim. Sentia-me aí como um andrajoso em Versalhes, que ficaria horrorizado ao ver-se refletido nos espelhos. Parti para a trapa das Dombes, cujas robustas belezas campestres talvez estivessem mais de acordo com a minha rusticidade natural. Um amigo da Resistência, que estava ali em submersão momentânea, obrigou-me a ler um texto interminável do Padre Teilhard de Chardin, escrito com tinta roxa e mimeografado sobre papel quadriculado com estêncil de gelatina. O mergulhador, no auge do entusiasmo, afirmou-me que esse livro ainda pouco conhecido reconciliava a religião com a ciência; eu não fiquei mais impressionado do que se me tivesse anunciado que o bom do padre tinha reconciliado Michelangelo com a Companhia de Gás. Em todo caso, passei a sonhar com determinada passagem relativa à "evaporação dos mamíferos": bem que gostaria de me evaporar com eles.

De regresso a Lyon, procurei um refúgio contra mim mesmo nas alturas de Saint-Just, com Stanislas, Aniouta e as filhas, numa casa pontiaguda cujos bicos arranhavam a retina. Nada se compôs. Horrorizava-me o pensamento de ter que tomar uma resolução, coisa que nunca me acontecera na vida. Esperava que a interessada a tomasse por mim, mas ela refugiava-se numa benevolente neutralidade. Optando pelo afastamento, pedi que me transferissem para outro lugar. A empresa mandou-me ficar camuflado em Annecy, onde andei muito ocupado, nomeadamente pelos italianos, em novembro de 1942, mas não distraído. Ainda não era um homem, mas era já um peixe que se debatia em todos os sentidos entre duas águas, depois de ter engolido o anzol, a linha e todas as boias.

Que deveria esquecer, o mosteiro ou a moça? Pensar no convento causava-me arrepios, e no casamento, suores frios. No fim das contas, nada me provava que a outra parte contratante estivesse resignada ao pior, dizia para os meus botões, enquanto continuava a esconder as minhas cisternas de gasolina e os meus carros com lagartas por toda a parte (na Alta Savoia, todo o mundo era da Resistência). Como podia haver preocupações com assuntos pessoais tão insignificantes quando aconteciam coisas tão graves na Terra? Não me vindo nenhuma resposta de onde eu a esperava, e não tendo servido de nada a fuga e o silêncio, ao fim de seis meses o instinto ditou-me a decisão a tomar. Não podia brincar mais com essa ternura evidente, conservando a moça indefinidamente sob opção. Era preciso pôr um fim nisso. E não me restava senão um meio para não voltar a procurá-la: casar com ela.

Peguei o telefone e pedi-a em casamento. Na vida, o grande problema está em libertar-se de si mesmo, e eu contava com ela para me prestar esse serviço. Fiquei feliz por ela ter aceitado.

A minha futura mulher apresentou-me a toda a sua família, com a ligeira apreensão do apresentador de ursos que não está muito seguro do seu bicho: a uma tia afetuosa, equânime na boa e na má sorte, alegremente empobrecida, e que não tinha outra filha que não a sua sobrinha; a um tio médico, colecionador de coisas belas, que nos presenteou com a aquarela de uma mulherzinha de Paris, que depois perdemos de vista; a uma outra tia, aristocrática e retrátil, titular de um marido castelão em zona de vinhas (ela lançou a aliança plebeia da sobrinha à conta de danos e perdas da ruína nacional, e pôs-me em apuros ao pedir a minha opinião sobre o governo de Vichy de uma forma tão habilmente mundana que era impossível responder-lhe sem fazer explodir a chaleira e coalhar o leite; piedosa como era, estava desolada por não poder fazer caridade nesses tempos dolorosos, em que os pobres — dizia — não encontram nada que possam comprar nos armazéns); a uma avó brilhante, banhada em lágrimas, tendo-lhe caído algumas sobre os dedos, preocupada com manter em equilíbrio a pilha dos seus inumeráveis anos, e quanto ao resto tão ausente como eu.

Esse exame de ingresso levou-nos vários dias. Passei com uma nota bastante boa: consideraram-me um homem reservado. Nessas famílias distintas — concluí —, é preciso ficar calado para passar na prova oral.

DESTINO: O FORTE MONTLUC

Casamo-nos na Igreja de Saint-François de Sales, em Lyon. O senhor pároco, todo conquistado pela causa da Revolução Nacional, assestou-nos à guisa de votos de felicidades uma homilia em forma de requisitório contra a República. Meu pai, que comparecera contrariando as suas convicções por amor à nora, rosnava atrás de mim palavrões que rolavam um sobre o outro em tom cavernoso e distante, e eu pensava que teria de voltar a casar se quisesse vê-lo de novo numa igreja.

O senhor pároco calou-se finalmente, recebeu o nosso consentimento e nós partimos para Annecy, terra de São Francisco de Sales. Uns meses mais tarde, encontramo-nos instalados na paróquia de São Francisco de Sales em Lyon, e um dia viríamos a mudar-nos para o bairro de São Francisco de Sales em Paris (a minha mãe morava em Santa Joana de Chantal),[2] e depois para Neuilly, a pequena distância do convento onde se venera a "Virgem Negra" de São Francisco de Sales. O meu patrono São Francisco de Assis, desanimado, deve ter delegado os seus poderes no bispo de Genebra, padroeiro dos jornalistas e pioneiro do *Billet quotidien*.[3]

---

2 Famosa dirigida espiritual de São Francisco de Sales, em colaboração com o qual fundou a Ordem da Visitação.

3 O autor escrevia todos os dias um *billet* — uma coluna — na primeira página do *Le Figaro*. Quanto a São Francisco de Sales (1567–1622), quando foi nomeado bispo de Genebra, começou por difundir entre os protestantes calvinistas daquela cidade umas folhas populares em que defendia o catolicismo; por isso foi nomeado padroeiro dos jornalistas.

Depois do casamento, nada me parecia mais distante das minhas aspirações do que a paternidade. Também me tornei pai no melhor dos prazos.

Tinha o bebê completado três meses e nós um ano de casados quando a Gestapo,[4] seguida de uma dúzia de soldados, veio prender-nos, a mim, ao Francis e a muitos outros, na sede da nossa sociedade fictícia. Já tínhamos imaginado tantas vezes a cena que a detenção começou por produzir em nós o efeito de mais um ensaio. Mas o que se seguiu não estava previsto no roteiro. Fomos metidos até à noite num porão da Escola de Saúde, de cara para a parede; depois, enfiaram-nos em um caminhão, presos dois a dois pelo pulso direito. Destino: o Forte Montluc, prisão alemã. A cidade, as suas raras luzes azuis e os transeuntes fugiam pelo toldo entreaberto, entre dois soldados crispados sobre os seus fuzis, sentados um voltado para o outro e sem olharem para nada.

---

4 A polícia secreta do regime nazista.

14

O HANGAR DA DESOLAÇÃO

A prisão é um mundo de duas dimensões (a terceira, que é a do espaço, do futuro e do movimento, não pode ser usada). É a inserção entre dois muros, como entre as duas lâminas de vidro de um exame ao microscópio, de um ser humano reduzido ao estado de preparação esticada e debilmente palpitante. Ou ainda, é uma fortaleza ao contrário que, de muralha em muralha, faz pesar a sua mole sobre o ocupante, torna-se pirâmide e mumifica-o. O último ponto de imobilização, no limite do esmagamento, atinge-se na cela, onde até a respiração, como o ar no fundo de uma bomba, parece aumentar a compressão exercida pelos muros. A expressão "fazer hora" tem de ser tomada à letra ali. O prisioneiro "faz hora", nada mais, essas horas que giram lentamente à sua volta, paradas; a múmia segrega a sua bandagem.

Comparado com esses jazigos, a "barraca dos judeus" em que fui enterrado tinha algo de menos desumano e de mais miserável ainda. Descrevi em *La maison des otages*[1] esse grande abarracamento, essa espécie de *drakkar*[2] encalhado de quilha para o ar num pátio de prisão, com o seu carregamento de emigrantes avariados. Dezoito janelas quase inteiramente borradas com tinta amarela abriam-se e fechavam-se nos seus flancos às ordens dos homens da *Wehrmacht*.[3] Deixavam passar menos ar que poeira e olhares tristes que, sobre a uniformidade triste dos muros da cerca, acompanhavam a viagem preguiçosa das sombras. Duas fileiras de beliches formavam no meio uma passagem sobrevoada por um bando de roupas multicoloridas que secavam sobre um fio e tinham ares sarcásticos de bandeirolas de boas-vindas...

Dir-se-ia a entrecoberta de um barco mobiliado, habitado, abastecido a pazadas e imobilizado de repente, depois de um enorme balouço devastador. As malas desventradas bocejavam junto das camas, inclinadas também estas sobre as suas fracas armações em posições próximas do desmoronamento. O chão estava atapetado de palha, marmitas enferrujadas, velhas caixas de farmácia e detritos de toda a espécie. Pratos de alumínio boiavam nas barricas de despejos [...]. O ranger dos ferros sobrecarregados, a aragem fria que soprava pelas frestas dos tabiques, os homens estirados sobre os enxergões, o leve balançar das lâmpadas elétricas na ponta do seu fio [...], tudo isso dava a esse miserável conjunto um aspecto acabrunhante de miséria marítima. Os sargentos de guarda que nos empurravam para fora todas as manhãs para nos contarem, berrando e gesticulando, completavam a ilusão, parecendo recear um naufrágio iminente.

---

1 "A casa dos reféns", Fayard — NA.
2 Barco *viking*.
3 O exército alemão.

Por sobre o horizonte de cimento, via-se uma fachada de fábrica e os ramos negros de uns plátanos, como fiadas suplementares de arame farpado. À noite, apertados uns contra os outros a ponto de não se poder fazer movimento nenhum, no enorme silêncio dessa população cativa que escorregava para o sono, ouvia-se por vezes a campainha de um bonde cujo tinir claro tocava em vão o alerta e a convocação. Na noite de Natal, uma série de gritos fez-nos sentar nas camas: a queda de uma pilha de andaimes, um galope de botas cravejadas, os clarões vermelhos de uma sucessão de disparos e, depois de um silêncio, duas secas pancadas de madeira: dois golpes de graça em dois companheiros que, traídos pelo desequilíbrio dos andaimes no momento em que transpunham o primeiro muro da cerca, tinham caído para o pátio e ali mesmo foram rematados.

O inverno congelava mais ou menos os piolhos, dissimulava as feridas debaixo dos farrapos e das mantas, enganava um pouco a fome pelo entorpecimento. Mas a primavera que devia exibir as suas galas lá fora e que se mostrava nas pontas dos plátanos com uma deplorável exibição de promessas, no interior da barraca descobria a miséria dos corpos supliciados, não abria mais que flores de sangue e não ativava senão purulências. Este, que tinha sido escaldado, pedia que lhe arrancassem um pedaço de pele; aquele mostrava as palmas das mãos queimadas, empoladas de bolhas monstruosas; outros, gelados e sufocados pela tortura do banho, já não conseguiam controlar os membros e tremiam continuamente. Nesse hangar da desolação, essa humanidade mutilada não passava de um grande crucificado, deposto da cruz antes de as suas chagas terem acabado de sangrar e sobre o qual, pela porta agora empurrada com um pontapé de bota, vinham de tempos a tempos pousar moscas esverdeadas.

O GESTAPIANO DEPRESSIVO

Esperei o primeiro interrogatório durante quarenta dias. Num pequeno gabinete da Escola de Saúde, um gestapiano triste, de ombros, bigode e pálpebras descaídos, apresentou-me nove pontos de acusação como se fossem outras tantas condolências. Eu era judeu, extremista, gaulista e, juntamente com o meu amigo Francis, culpado de toda a sorte de crimes e delitos dos quais ele possuía — segundo dizia — cem, mil provas no dossiê que tinha sob a mão e que diminuía muito qualquer interesse pelas nossas declarações. O fato é que eu não tinha nada para lhe ensinar acerca de um sistema de camuflagem militar que o seu exército tinha praticado muito antes do nosso, depois do armistício de 1918, e assim ele mostrou muito pouco desejo de enriquecer o seu dossiê. No que teimou absolutamente foi em reconhecer-me a qualidade de judeu em recordação da minha avó Schwob. Seguiu-se uma áspera discussão da qual saí 50% judeu, e depois 20%.

Durante uma pausa, vi por uma janela aberta, dois andares abaixo, empurrada na direção das adegas por uma sentinela armada, uma família inteira que atravessava o pátio, avós e netos em ordem decrescente, e atrás deles a mãe, lenta, que tinha nos braços um bebê meio embrulhado num xale branco. "Ora!" — exclamou ruidosamente um oficial subalterno das

SS ao cruzar-se com o cortejo —, "isto é Israel inteiro!". Sim, era Israel inteiro mais o seu destino inalterado de geração em geração, que caminhavam em silêncio por esse pátio como pelo deserto, sob um último raio de sol, diante de um soldado de Herodes.

No final das contas, esse gestapiano melancólico revelou-se não um profissional, mas um comerciante da Renânia, mobilizado pelo serviço de segurança do exército alemão devido aos seus conhecimentos da França e do francês. Revi-o várias vezes. Na última, tinha tomado o meu lugar em Montluc e esperava, cada vez mais consternado, o veredito de um tribunal superior de justiça que não teve a mão demasiado pesada, uma vez que soube por testemunhas da Resistência que o alemão também não a tivera com eles e que os havia interrogado sem brutalidades.

Da penúltima vez, eu tivera a surpresa de encontrar a minha mulher no gabinete dele. Inacessível à dissuasão, e rejeitando todos os conselhos de prudência ou de renúncia, ela conseguira convencer os alemães de que era indispensável a minha assinatura num documento notarial de transmissão de herança, e para sua própria surpresa alcançara o que outros nem sequer tinham ousado pedir: uma entrevista comigo. Durou quinze minutos, na presença do gestapiano neurastênico. E lá estava ela com o nosso bebê no berço dos seus braços como um presente; e, apesar da moldura, o mundo pareceu-me belo.

Como sempre ocorre entre homem e mulher, quando a magia do irrevogável agiu e por meio de um duplo "sim" sem reservas tudo recomeçou, aquilo foi durante um quarto de hora o paraíso terreno antes do pecado — ou depois dele, mas perdoado. Ela tinha muitas coisas a dizer-me, que não disse, e eu também não falei, demasiado ocupado a respirar o ar fresco e a observar as ramagens e os campos que não estavam ali. Mostrou-se inquieta com um anel metálico que eu tinha num dedo e que tomou por uma argola de corrente: era um terço de dedo. Depois, sob a sua encarnação melancólica, o anjo da espada de fogo levantou-se e voltou a fechar o Jardim do Éden.

Era um sábado santo.

VIGÍLIA SEM FIM

Na barraca dos judeus, a vida desprendia-se cada vez mais de nós. Esperávamos o desembarque dos Aliados com uma espécie de impaciência resignada, receando um adiamento e sem saber de onde viria a liberdade.

O construtor de aviões Marcei Dassault,[4] que lá era conhecido pelo nome de Bloch, tirou-nos da perplexidade com uma tábua e um pedaço de gesso. Desenhou a costa francesa de Calais a Brest e explicou-nos que os anglo-americanos não desembarcariam no Pas-de-Calais, onde eram muito esperados, nem mais ao sul, por causa das falésias, nem no estuário do Sena, de defesa demasiado fácil; que a costa da Normandia, pelo contrário, depois de Honfleur, oferecia belas praias é uma rede de estradas muito densa; que, desembarcando nas

---

4 Depois da Segunda Guerra, Dassault criou o conglomerado de empresas que desenvolveu o Mirage e outros caças militares, além de aviões de uso civil.

proximidades da Península do Cotentin, poder-se-ia cortá-la, depois isolar a Bretanha e assegurar o domínio de portos importantes imediatamente utilizáveis por grandes navios de transporte. O ano? Só podia ser esse mesmo, sem o que os russos ganhariam a guerra sozinhos e avançariam até o Reno. A data? Era uma questão de marés: junho ou setembro. Mas o outono era uma estação problemática para a aviação. O desembarque teria lugar, pois, nesse mesmo ano, na primeira quinzena de junho, entre o Havre e Cotentin.

Resolvida assim a questão, o avioneiro levantou a gola da peliça, que nunca despia, e voltou a estender-se na cama, que nunca abandonava.

No dia 6 de junho, um infeliz todo alegre, preso na rua pouco depois de ter ouvido a notícia, confirmou o prognóstico. Fizemos algumas loucuras e esvaziamos um frasco de xarope de tosse.

E a existência deu um novo pulo no intolerável. Entramos de um só passo na esperança e na agonia.

Multiplicaram-se os atentados contra os soldados alemães, de cada vez seguidos de represálias que despovoavam o nosso miserável edifício. A barraca logo se transformou num sombrio vestíbulo de matadouro. Em grupos de dez, de vinte e até mais, os judeus forneciam a maior parte e por vezes a totalidade dos holocaustos.

A qualquer hora, a porta podia abrir-se, a luz acender-se, um sargento das ss plantar-se num canto da barraca com um maço de fichas amarelas na mão, lidas por vezes com hesitações que espalhavam o terror, chamadas sem ordem nem principios referenciáveis, caindo como um destino sobre os de menos de vinte anos ou os de mais de sessenta, e seguidas destas duas palavras que significavam a morte: "Sem bagagens". Qualquer número podia sair nessa roleta fatal, e a qualquer momento.

A partir de então, não houve mais dia nem houve mais noite, mas uma vigília sem fim, misturada com a sonolência superficial da angústia, em que, na escuridão, o ouvido ainda vigiava, à escuta do mais leve ruído no ventre da prisão, que podia anunciar o regresso da foice. Esta vinha as mais das vezes de noite, ceifando cabeças isoladas ou filas inteiras. Sobre o fundo negro da porta aberta, rostos lívidos voltavam-se para nós pela última vez, para este mundo ao qual já não pertenciam, com os seus olhos sem olhar, fixos, e que só se poderiam fechar com mão alheia.

Depois que desapareciam, a angústia e o terror continuavam a acompanhá-los às cegas, antes de se retomarem lentamente as respirações interrompidas.

"ESSE ASFALTO PRECIOSO!"...

Eu rezava como sempre rezei, sem muitas mais palavras que as da Ave-Maria, mas sujeito cada vez mais duramente ao conflito entre o que eu sabia de Deus — de quem nada tinha o poder de me fazer duvidar — e o que eu via deste século imundo, que humilhava a fraqueza e desprezava a mansidão, que eu via complacente com a mentira e sem firmeza perante a força, o século mais sangrento da história e que, por muito matar, imagina que não deixa testemunhas. No mais alto da minha oração, uma zona azul, que nem o terror conseguia perturbar, continuava firme; mas o resto não passava de uma carcaça inútil que estremecia da nuca aos calcanhares.

Nervoso, impaciente, eu estava sujeito a rudezas que surpreendiam os companheiros. Ignorando o que lhes aconteceria depois, via-os partir para a deportação com inveja, e caía de novo nos movimentos interiores que me levavam brutalmente da irritação às lágrimas. O anjo que eu não pudera ser talvez viesse a ser um cadáver antes de ter sido um homem. Já era tempo de que aquilo acabasse.

E acabou. Numa tarde de agosto, no dia seguinte ao do desembarque na Provença, um sargento ajudante do exército regular, quer dizer, um ser humano, apareceu no pátio com cartões amarelos na mão. Uma chamada de represália? A *Wehrmacht* não se encarregava disso. Uma deportação? Teria havido alguma mudança de atribuições? Convocações da polícia? Os nomes estavam datilografados numa folha branca. O portador dos cartões teve a humanidade de abreviar a nossa inquietação: estávamos livres, Francis e eu, tão estupefatos um como o outro, e mais incrédulos do que São Tomé jamais pôde estar. Tínhamos tido notícia de que deveríamos partir para a Alemanha no próximo "transporte", mas não houve mais "transporte". Umas horas depois, outros cinco companheiros foram postos em liberdade. Ficavam setenta e dois prisioneiros na barraca. Todos judeus. Os sete libertados não o eram. Ou, como eu, não eram considerados tais.

Posto do lado de fora com Francis, ambos desconcertados por esse desfecho irreal à força de ser inesperado, inebriados

HÁ UM OUTRO MUNDO

até a vertigem pelas cores do verão, julgo que nos sentamos um instante à beira da calçada para retomar fôlego e contemplar todas as extravagantes riquezas, esses maravilhosos postes de luz, esse asfalto precioso, esses muros que víamos do lado de fora e essas árvores cujas folhas teríamos contado todas, afetuosamente e de bom grado. Mas o instinto de conservação fez com que logo nos safássemos.

Encontrei a minha mulher na casa do seu velho encanto de tia. Mal bati, a porta abriu-se imediatamente; não fosse assim, talvez eu tivesse passado através dela, tal a atração que o ímã que me esperava exercia sobre a limalha de ferro de que eu devia estar carregado. Descemos de novo à rua para tomar ar e dissipar um pouco o perfume de percevejo esmagado em que eu boiava. Um aguaceiro molhou-nos os ombros e os joelhos. Desde esse dia, gosto da chuva. Na prisão não chove.

Naquela mesma tarde, teve lugar um atentado, e amigos informados nos pressionaram para que nos escondêssemos. Estávamos longe de Lyon quando soubemos a terrível notícia: a Gestapo, que se preparava para fugir, tinha assassinado os setenta e dois companheiros que deixáramos na véspera na barraca dos judeus.

15

O POVO CRISTIFICADO

Durante anos, a mão imaterial do sonho reconduziu-me quase todas as noites à prisão. Esta, por vezes, não passava de um simples traçado de giz no negrume, e essas linhas imaginárias, que uns muros invisíveis tornavam intransponíveis, não só me atiravam de novo para o interior da sua geometria inexorável, mas se contraíam sobre mim, envolvendo-me em suor e frio. Outras vezes, eu era reintroduzido na prisão depois de ter saído de lá, e a segunda experiência, excluindo a esperança e fazendo do encarceramento o termo da liberdade, era pior que a primeira.

Antes da alva, as recordações subiam à tona como do fundo das águas, com os seus seres mergulhados no abandono e, à frente de todos eles, esse rosto de criança de olhos encovados, que, com todo o seu poder de penetração, espreitava para lá das nossas tábuas, pelo retângulo fúnebre da porta, o regresso de um pai que não voltaria.

Recordava que os nossos carcereiros — não falo dos soldados da *Wehrmacht*, que não tinham maldade (se pensarmos no que lhes diziam de nós), mas do pessoal da polícia: a Gestapo, as ss ou os Serviços de Segurança — não perdiam uma única ocasião de marcar, por um aumento de maus tratos, a distinção que faziam entre os judeus e os que não o eram, a fim de que os primeiros sentissem ainda mais cruelmente a sua infelicidade e tivessem sempre alguma coisa mais a sofrer. Qualquer que fosse o círculo do inferno onde estivéssemos encerrados, havia sempre um círculo mais estreito com um judeu dentro.

Tudo neles tinha sido torturado até a alma, as suas mulheres e os seus filhos tinham-lhes sido tirados para serem um dia supliciados à parte, e criara-se à volta deles uma espécie de vazio para que o seu último sopro de vida não fosse recolhido por ninguém. O sacrifício que lhes fora imposto tinha diminuído na mesma medida o peso do ódio que, sem eles, teríamos tido de suportar. Eu estava orgulhoso do meu parentesco com esse povo espiritual, como que inconscientemente cristificado pela encarnação, e que fora salvador. Quantos não lhe deveriam a vida? Mas eu não amara o suficiente os meus companheiros e, depois dos pesadelos, vinha com o dia o desejo vão de abraçar e de consolar as sombras.

16

A VERDADEIRA HISTÓRIA

Relatei aqui dez anos de um rapaz surpreendido pela beleza, que bem desejaria não regressar desse êxtase, mas que fora restituído algemado ao mundo, no momento em que a história não passava de um gigantesco borbulhar de loucura sobre a crosta terrestre. O espetáculo só pela extensão dos homicídios é que diferia daquele que tinha tido sob os olhos depois do seu nascimento, nas proximidades de um porão e antes de um bombardeio.

Os acontecimentos grandiosos a que as gerações do seu tempo tinham sido convidadas sempre lhe tinham inspirado mais repulsa do que verdadeiro interesse; para ele, a história dos homens não era a de Deus, ou ainda não o era. Na hora do Evangelho, a história dos homens passara por Roma; a de Deus, discretamente, pela periferia de uma aldeia da Judeia. De que modo a história da salvação acabaria por absorver a outra, eis o que nós saberíamos quando a Deus muito bem no-lo aprouvesse revelar. Enquanto esperava por esse momento, nada pareceria mais absurdo ao rapaz de que falo do que imaginar que Deus olha a história do mesmo modo que nós e não vê nada mais do que nós vemos, como se assinasse os nossos jornais da tarde ou soubesse por eles as notícias da humanidade.

Essa Presença que ele procurava em tudo e sempre, descobria-a bastante menos nas agitações do mundo do que nas pequenas coisas da vida quotidiana; do mesmo modo, Deus não lhe parecia nunca tão próximo — mas próximo de se poder agarrá-lo com a mão! — como quando o ouvia dizer: "Os cabelos da vossa cabeça estão todos contados",[1] ou, no silêncio imprevisto entre o ribombar dos trovões do Apocalipse: "A quem me ama e guarda a minha palavra, eu lhe darei a estrela da manhã",[2] promessa deliciosa que deve estar na origem da Via Láctea.

Essa menininha um pouco coxa que se, esforça por andar com passo certo e que a mãe, para atravessar a avenida, mais protege do que acompanha; a grande calva luzidia desse empregado atrás do balcão, que tem necessidade do concurso ativo de não sei quantas constelações para manter a ponta do seu lápis sobre as linhas retas traçadas nos seus pequenos impressos; o tênue sorriso da fealdade consciente, inclinado para a esquerda na penumbra dessa mercearia, e que faz imperceptivelmente vacilar o cosmos — esses são os pequenos fatos cuja história ninguém escreverá e por onde se entrevê, por um instante, a misteriosa ternura que está além das coisas.

---

1 Mt 10, 30.
2 Cf. Ap 2, 26–28.

QUATRO IMAGENS

A cronologia deste relato interrompe-se aqui: a continuação são quatro imagens separadas, claras, saídas como gravuras caídas de um livro de um passado que não resisto a reler. A primeira é o quarto de uma clínica onde vimos pela última vez a mãe da minha mulher, quando íamos fugir para escapar a uma nova detenção. Ela mesma tinha feito pressão para que fugíssemos, e seguiu-nos com o olhar até a porta, com um sorriso semelhante a um traço final debaixo de uma formidável adição de coragem e de renúncia. Ao vê-la tão enfraquecida, mal podendo voltar a cabeça sobre o travesseiro, e apesar disso tão tranquila, já não se sabia se ela estava gasta pela doença ou por ter posto a filha no mundo pela segunda vez.

A segunda imagem é a de um primeiro andar no bairro de *Auteuil*, num fim de tarde, dezoito meses após a minha saída da prisão e depois de uma quarta ou quinta mobilização na Marinha. Apoiado à secretária, meu pai falava conosco quando de repente levou a mão às têmporas, gemeu, mas não pôde articular a sua queixa. Não nos atrevíamos a compreender o que se passava. Depois, naqueles aposentos tão tranquilos, tão bem arrumados, onde a calma de meu pai parecia comunicar-se aos objetos e moderar até o balouçar do pêndulo, levantou-se imediatamente o burburinho inútil de uma família transtornada, que lutava com meios irrisórios para arrancar um ser brutalmente arrebatado ao turbilhão que o levava. A partir daí, já não sonhei só com o forte de Montluc.

HÁ UM OUTRO MUNDO

Não que eu não tenha tido dias felizes. A liberdade física é uma grande felicidade. A liberdade espiritual, ninguém no-la pode tirar. O amor humano também é uma grande felicidade, sobretudo quando se sabe quem o torna possível; para se dar conta daquilo em que ele se transforma quando esquecemos a sua origem, basta passar diante de um cinema.

Mas os lutos enchem este período da minha vida.

A terceira imagem é outra vez uma sala de clínica intensamente iluminada. Reina aí, no entanto, esse gênero de escuridão que sobe da ansiedade de uma longa espera. Num canto, entre duas enfermeiras, a minha mulher anestesiada respira do fundo de um poço. Um médico de avental branco dá dois passos para mim, puxa-me até uma mesa, estende duas luvas rangentes de borracha para um cestinho de rendas e diz-me: "Eu o batizei".

Que a mãe não o veja sem vida, ela que preparou a vinda desse filho como um acontecimento. Que durma! Que haja um bosque tranquilo e que ela durma! Que acorde longe daqui, que não pergunte nada e que esqueça tudo, quando eu subir no furgão negro em que haverá lugar demais.

A quarta imagem, evito-a há dias, dilato de hora em hora o momento de olhar para ela, e no entanto é por ela, através dela, eu sei, que se pode discernir alguma coisa da mais íntima verdade da alma.

Ele tinha nove anos. Eu não havia vivido junto dele esses meses maravilhosos em que a criança, como um sol em formação sobre um travesseiro, se eleva para iluminar o quarto, a casa e metade da Terra, em que o sorriso no seu rosto é um anjo que se esquiva, mas luminoso. Na Gestapo, no Sábado Santo da sua visita, perguntei-me se não o via pela última vez. E eis que estávamos em outro Sábado Santo, que era o último.

Há na minha memória uma grande fachada decrépita de hospital, uma árvore negra, nuvens, a minha mulher que eu seguro pela mão sem me atrever a olhá-la.

Na véspera, como na antevéspera, tínhamos percorrido os médicos evasivos e as igrejas mais evasivas ainda, veladas de roxo, concentradas sobre a sua penumbra, surdas à terra e que, pela extinção nelas de todos os traços de vida, opunham à oração o vazio e o bronze. Eu estava atirado de joelhos à beira de um abismo de indiferença e de trevas. E agora, covarde, covarde e três vezes covarde, não serei eu que terei a iniciativa de entrar nesse hospital, que enfrentarei essa porta de vidro, que irei na frente por essas avenidas de camas até aquele halo de luz no fundo, por sobre uma inocência inexoravelmente levada na noite de Páscoa. Meu Deus, meu Deus! Que direi aos meus irmãos atingidos por semelhante prova que não tem comparação possível, que martiriza ao mesmo tempo o corpo, do qual arranca dores desconhecidas, e a alma, gelada pelo terror?

"O SOFRIMENTO JÁ NÃO É SOFRIMENTO"

Será preciso dizer-lhes que sofremos e que morremos porque vós não renunciastes a nós? Que o sofrimento é o rosto que torna em nós a vossa esperança? Imitarei os sábios doutores do Livro de Jó, que diziam palavras quando o que se implora é uma Presença? Que pode dizer a experiência, mesmo supondo que seja transmissível, àquele que, de cristão, se vai tornar um Cristo, que não quer sê-lo mais do que Jesus no Horto das Oliveiras, e que no entanto, se aceita, já não poderá também ele conter o: "Por que me abandonaste?",[3] pronunciado sobre a cruz para nós o podermos dizer sem pecar? Esse, que não deixe de crer um instante, que atraia por sua vez a inocência de Deus à sua própria noite, que se agarre à Eucaristia e, na limpidez noturna da fé, solde a sua às invisíveis Presenças que ela implica! Despojado e crucificado, que não duvide do amor no momento em que começa a parecer-se com ele.

Um belo dia, porque é belo esse dia que não vem o mais das vezes senão depois de anos, mas que não deixa de vir, a lenta e misteriosa elaboração interior que justifica o tempo está cumprida. O sofrimento já não é sofrimento, mas outra coisa diante da qual o espanto ainda hesita, ao mesmo tempo que se realiza com uma estranha serenidade a primeira fase da promessa feita aos que sofreram a separação no seu sentido mais literal, no mais íntimo do seu ser, célula por célula: "Felizes os que choram, porque serão consolados!".[4] O nosso bem mais precioso são então as nossas lágrimas, feitas da pura e inalienável certeza de termos amado; desejaríamos abençoar cada uma das que nos foram dadas. Já não é a dor, não é ainda a alegria, mas é já a evidência secreta do amor, do qual se sabe com a mesma certeza que "o seu reino não terá fim".[5]

---

3 Mt 27, 46.
4 Mt 5, 5.
5 Lc 1, 33.

17

OUTRAS OBJEÇÕES

O s que nos dizem: "Não há Deus que seja uma pessoa" enganam-se, e não é só a pessoa de Deus que eles desconhecem, é a sua própria que eles condenam a vagar sem fim à procura da sua identidade; porque é em Deus que ela se encontra, e só ele sabe o nome de cada um.

Ele haverá de revelá-lo um dia a todos nós, e então teremos tanta alegria em recebê-lo como ele em no-lo revelar. O cristianismo é uma história de amor, e em todas as histórias de amor a mútua revelação dos nomes é sempre um momento importante. Estou persuadido de que os que neste mundo são adversários da noção de um Deus pessoal ficarão absolutamente encantados no outro de se conhecerem a si mesmos.

Enquanto não chega esse momento, esvaziam de todo o sentido o primeiro mandamento, relativo ao amor de Deus,

HÁ UM OUTRO MUNDO

e, em consequência, o segundo, que associa o próximo ao primeiro.

É eliminar muita coisa de uma só vez. Não acreditemos neles.

Não demos crédito, também, aos que encolhem os ombros e fingem ignorar tudo a respeito de Deus, dizendo: "Ele é o outro, é incognoscível".

Que ele seja "outro", diferente de nós, é uma felicidade para a Criação e uma sorte para a humanidade.

Seria suportável que o declarássemos "o outro" se fosse para amá-lo mais, marcando a distância infinita que pode haver entre a sua generosidade e a nossa avareza, ou para imitar os judeus que têm a honestidade de não pronunciar o seu nome para não encerrá-lo na mediocridade de um conceito. Mas não é com uma nem com a outra dessas duas intenções que lhe chamam "o outro", e não é imitar a honestidade dos judeus chamá-lo "incognoscível", porque é precisamente porque o conhecem que eles não lhe dão nome.

Ele não é "outro". Nós somos à sua imagem, e não lhe dar graças por isso é juntar a ingratidão à sem-razão. Pois na hipótese impensável de que ele tivesse criado seres tão absolutamente diferentes dele que lhe fossem contrários em tudo, esses seres encontrar-se-iam excluídos por definição da divina caridade, o que é absurdo, e não poderiam sequer viver o pouco tempo que temos para passar nesta Terra.

Os que dizem: "O pensamento do divino é dissolvente e afasta-nos das obras de justiça que temos de cumprir aqui embaixo" enunciam uma inépcia que equivale a dizer que São Francisco de Assis ou São Vicente de Paulo teriam sido melhores se tivessem rezado menos a Deus.

O homem é um animal que se assemelha àquilo que vê, e, quando afasta o seu olhar de Deus, pode acontecer que permaneça bom durante algum tempo, mas acontece também que não demora a fazer-se o assassino do seu irmão. Já se renunciou a fazer o cálculo das vítimas das obras de justiça levadas a cabo desde o começo deste século "desalienado",[1] exclusivamente em nome da humanidade.

Os que nos dizem: "Tudo está dado na natureza, não há nada mais que a história e a consciência que a humanidade pode tomar do seu destino" enganam-se, voltam a cair no orgulhoso erro de Babel e preparam-se para construir em cima de nós um mundo sem esperança e sem liberdade.

Quando acrescentam: "Não há nada depois da morte, tudo acaba ali, não há para nós vida eterna", enganam-se ainda, se são descrentes, mas, se são cristãos, contradizem-se. Não se pode repetir desde as origens que "Deus é amor"[2] e depois decretar que ele não ama nada nem ninguém, nem sequer a si mesmo.

Porque, se os seres que, durante a vida, tiveram para com ele um ato de caridade — mesmo que só tivessem tido um simples olhar de compaixão por um cão — pudessem desaparecer para sempre, seria preciso supor que Deus pode perder algo do seu amor, o que é impensável pela simples razão de

---

1 Segundo o marxismo, todos os que não se engajam na luta de classes (os não-marxistas) são "alienados".

2 1Jo 4, 8.

que ele é uno e não se divide. Quem pratica a caridade pratica a existência de Deus, ainda que não o conheça.

E a morte não é o estado de ausência prolongada que imaginamos, quando nos imaginamos indo enfeitar a nossa própria campa durante séculos.

Os cemitérios não passam de vestíbulos da ressurreição. A morte é um abrir e fechar de olhos, o intervalo praticamente inexistente que separa à sombra da luz nas bem-aventuranças do Evangelho: "Bem-aventurados os que choram, porque serão consolados" apenas terminado o prelúdio que se passa nesta Terra, realiza-se a promessa.

Porque há um outro mundo.

A "SILENCIOSA FULGURAÇÃO"

O seu tempo não é o nosso tempo, o seu espaço não é o nosso espaço; mas ele existe.

Com os olhos do espírito, vi-o erguer-se, como "silenciosa fulguração" e como uma transcendência que se entrega em parte, da "insuspeitável capela" da Rua Ulm, "na qual estava misteriosamente encerrado". Em semelhante ocorrência, o espírito vê com uma clareza deslumbrante o que os olhos do corpo não veem, ainda que estejam esbugalhados pela atenção e neles subsista, no fim das contas, uma espécie de sensação residual que qualifiquei de "talvez azul" no meu livro, tendo o cuidado de sublinhar as palavras para bem fazer entender que se tratava de uma incidência vagamente colorida.

Há quase uma contradição permanente quando se fala desse outro mundo que "está aqui" e que "está ali", como o "reino dos Céus" do Evangelho, que se pode tornar inteligível sem palavras e visível sem imagens, que surpreende totalmente e não desorienta; mas que existe.

Mais belo do que o que nós chamamos "beleza", mais luminoso do que o que nós chamamos "luz", seria um grande erro se fizéssemos dele uma representação fantasmagórica e descolorida, como se fosse menos concreto do que o nosso mundo sensível. O contrário é que é verdade: é um mundo de uma plenitude e de uma densidade prodigiosas, um mundo sem vazio, que está para o nosso como a resistente justaposição das preciosas pedrinhas do mosaico pode estar para a geometria espaçada da renda. É por isso que não podemos falar dele senão por imagens; por impotentes que elas sejam para dar conta da sua riqueza e do seu fausto, têm ao menos sobre toda a outra linguagem, que não seria mais adequada, a vantagem da cor e da humildade.

Esse mundo espiritual tem uma força de asserção e de evidência literalmente nucleares; é a realidade, a última, a que faz que as coisas sejam o que são; porque o real não termina com o que nós somos capazes de perceber nele ou nele calcular; seria muito mais válido dizer que ele começa onde nós pensamos que acaba.

É para esse outro mundo, onde tem lugar a ressurreição dos corpos, que todos nós nos dirigimos; é nele que se realizará, num instante imperceptível, essa parte essencial de nós mesmos a que conduz, para uns, o dia do Batismo; para outros, a intuição espiritual, e, para todos, a caridade; é nele que encontraremos os que pensávamos ter perdido e que se salvaram. Não é em uma forma etérea que entraremos, mas no pleno coração da própria vida, e aí faremos a experiência da inaudita alegria que se multiplica com todas as felicidades que distribui à sua volta e do mistério central da efusão divina.

"CONTROLES DE IDENTIDADE"

Em que se reconhece que uma aparição como a de Ratisbonne, ou uma visão intelectual (é a mesma coisa sob modalidades diferentes) é verdadeira?

A essa pergunta, que é a primeira da simplicidade e a última da metafísica, responder-se-á que se reconhece a autenticidade de uma aparição pelo fato de ela fazer duvidar de tudo o mais. Não se sobrepõe à exterioridade e não se insere nela; o seu esplendor abre-a e relega-a e dilui-a; durante algum tempo, as coisas externas tornam-se inconsistentes, o que não quer dizer desprovidas de verdade; percebe-se que tudo o que têm de verdade vem visivelmente desse esplendor e a ele volta. É o que torna os místicos tão realistas e tão exigentes quanto aos sinais e aos fenômenos espirituais.

Um segundo "controle de identidade" é a perfeita coincidência entre o que se aprende nesses momentos e o ensinamento da Igreja, quando a Igreja não tem receio de ensinar. Depois da minha conversão, percebi que há muito tempo ela pusera em fórmulas o que a mim me fora revelado de outro modo. Os padres não tinham feito a mesma experiência que eu; no entanto, eles sabiam e tinham ainda muito a ensinar-me. Eu estava na situação cômica de um Cristóvão Colombo

ANDRÉ FROSSARD | 17

que, de regresso da América, queimado de novos sóis, visse os velhos cartógrafos da Rainha Isabel, que nunca tinham saído dos seus gabinetes, relatarem-lhe a sua descoberta, dando-lhe até a localização de aldeias e de plantações.

Terceira prova: a transformação completa da testemunha, que para sempre (meu Deus, que seja assim até ao fim dos meus dias!) toma consciência da sua insignificância e deseja não ser mais que louvor à volta desta doçura da qual nunca duvidei, mesmo nos piores momentos, mesmo quando o sentimento de estar separado dela acrescentava a sua lembrança à infelicidade como um sofrimento mais.

Como poderia eu pô-la em dúvida? Se sei que Deus é dom, e que não há dom sem dor, que sei eu do que lhe custa a sua maneira de ser? Não houve a Paixão de Cristo? Quem pode dizer o que ela é na eternidade, e como foi quando o Filho de Deus começou a ser o Filho do Homem?

* * *

No termo deste relato, espero que o leitor me fará a justiça de não pensar que arvorei as minhas insuficiências em doutrina ou me propus como exemplo.

Confessei a minha dificuldade em contentar-me com este mundo e a minha lentidão em reconhecer o meu próximo, que só vim a descobrir na prisão, no momento em que o perdi.

E direi ainda isto: é possível que em toda a minha vida — e sofro com isso — eu tenha admirado mais a Deus do que o tenha amado.

HÁ UM OUTRO MUNDO

É possível — Deus queira que não aconteça, que não aconteça! — que eu nunca tenha dado à sua luz o tempo de se transformar em caridade em mim.

É possível que o que ele me deu, eu só lho tenha retribuído em espinhos e fel.

Mas o que disse dele, não o escrevi senão para que o amemos mais, se já o amamos; e se não o conhecemos, para que tenhamos ao menos um pensamento para esse Ser para quem se lançam cegamente todas as almas, todos os espíritos, ou qualquer outro nome que se dê à pura aptidão para o divino que há em nós: essa aptidão que de século em século nega e negará sem fim nem descanso, nesta Terra, tudo o que não é aquele que ela reencontra, mais ainda do que encontra, quando ousou crer.

Porque o ser humano, que nasce do amor, volta ao amor pela fé e pela esperança, através do sofrimento e da morte. E isso ninguém o pode impedir.

Direção geral
Renata Ferlin Sugai

Direção de aquisição
Hugo Langone

Direção editorial
Felipe Denardi

Produção editorial
Juliana Amato
Gabriela Haeitmann
Karine Santos
Ronaldo Vasconcelos

Capa
Karine Santos

Diagramação
Sérgio Ramalho

ESTE LIVRO ACABOU DE SE IMPRIMIR
A 21 DE JANEIRO DE 2025,
EM PAPEL PÓLEN BOLD 90 g/m².